Par Castel.

A conserver

R 2444
J.6.

R 13267

L'HOMME MORAL
OPPOSÉ
A L'HOMME PHYSIQUE
de Monsieur R.

L'HOMME MORAL
OPPOSÉ
A L'HOMME PHYSIQUE
de Monsieur R***eau

LETTRES PHILOSOPHIQUES,

Où l'on refute le Déisme du jour.

A TOULOUSE.

M. DCC. LVI.

L'HOMME MORAL
OPPOSÉ
A L'HOMME PHYSIQUE
de Monsieur R***.

LETTRES PHILOSOPHIQUES,

Où l'on refute le Déïsme du jour.

MONSIEUR, c'est avec la plus grande amitié & le zèle le plus vif, mais le moins amer, que je vais vous addresser quelques Lettres au sujet de votre Discours sur l'origine & les fondemens de l'inégalité parmi les hommes. Vous avez mérité tout-à-fait

A

cette amitié & ce zèle, par la façon franche & naïve dont vous vous présentâtes à moi en arrivant à Paris, il y a peut-être douze à quinze ans, & il me parut que vous étiez content de la franchise & de la naïveté avec laquelle je répondis à la vôtre, jusqu'à vous donner entrée auprès de quelques personnes distinguées, capables d'honorer votre mérite & de récompenser vos talens. Il ne tint qu'à vous d'aller en avant dans la triple carrière de la Littérature, de la fortune & de l'honneur, que je crus vous ouvrir.

Vous me parûtes, en Philosophe un peu altier, dédaigner les deux dernières carrières, des honneurs & de la fortune, pour vous borner à la Littérature & aux talens, nommément à celui de la Poësie & de la Musique, qui sont en effet les plus brillans, & dans lesquels vous vous étiez exercé avant votre arrivée à Paris. Vous me parlâtes même d'un Opéra, dont la Poësie & la Musique étoient de votre façon. Il me convenoit d'en désaprouver le projet & le sujet. Votre goût de Musique étoit assez françois, mais vos vers sentoient un peu trop la Province, & la Provin-

opposé à l'Homme physique.

ce étrangère. D'autres vous en firent appercevoir les défauts, soit du vers, soit de la langue & de la rime même; & peu à peu vous prîtes le ton d'une Musique, sinon Italienne, du moins un peu plus recherchée & travaillée, à l'école de Mondonville, de le Clerc, & surtout de Rameau, pour qui j'aurois voulu vous inspirer un peu plus de reconnoissance & de respect. Car les talens doivent se respecter, & les leurs sont plus connus que les vôtres.

Mais vous êtes né vous-même, & votre génie autant que votre naissance & votre éducation, sous le beau nom de Philosophie, vous ont rendu indépendant de tout ce que vous appellez formalités & vices de société. Je vous perdis de vûe dès que vous voulûtes jouer le rôle de mécontent de la fortune & de vos amis. Je ne vous revis qu'un moment à votre retour de Venise, & vous ne reparûtes sur la scène qu'à votre discours couronné à Dijon contre les Lettres, les Sciences & les Arts. Je pris tout cela pour un discours de parade & Paradoxe ingénieux, assez bien écrit même, & d'un goût & d'un ton assez françois.

A ij

L'Homme Moral

Votre Discours sur ou contre la Musique, il y a deux ans, me révolta un peu plus, en revoltant tout-à-fait contre vous nos plus illustres Artistes. C'est que vous y paroissiez vous-même un homme tout-à-fait révolté contre une Nation aimable & gracieuse qui vous a ouvert son sein, non, ce me semble, pour le déchirer de si près, *non hos quæsitum munus in usus*. Votre parti est pris : vous ne sauriez reculer dans vos prétentions. Votre bel esprit que j'admire, est tout-à-fait cabré. Plus on vous a contredit, parce que vous contredisiez vous-même, plus vous vous êtes monté en esprit de contradiction. Paradoxes sur Paradoxes il n'y en a plus désormais qui puissent vous arrêter. Fallût-il brûler le Temple d'Ephèse, il ne seroit point trop riche & trop fameux pour combler la mesure de gloire qui doit, à votre avis, vous signaler. Eh ! Monsieur, éh ! mon cher Monsieur, voyez, reconnoissez le piége que vous tend votre génie même, beau si vous voulez, mais dangereux par l'évènement. Parce qu'on veut sauver les Sciences & les Lettres des coups que vous leur portez, vous ave-

opposé à l'Homme physique. 5

ques les Arts. On défend les Arts, & voilà que vous portez des coups terribles au gouvernement, à la police qui règle les rangs, à la Religion qui les légitime, à la Société, à l'humanité même, qui en sont les premiers fondemens.

Il ne vous manque plus que d'attaquer les personnes, & de dire à chacun le mal qu'on voit bien que vous en devez penser: car vous semez dans toute notre Nation un esprit de critique, un levain d'aigreur qui est capable d'altérer notre caractère, naturellement sociable & bien-faisant envers les étrangers. A qui en avez-vous? quelles sont vos prétentions? en quoi vous a-t-on offensé? pourquoi vouloir dissoudre une Société aussi douce que la nôtre? Tous les étrangers nous louent spécialement par-là. Ils accusent, il est vrai, notre Société d'un peu de frivole, & nous ne le nions pas : c'est même par ce brillant que nous leur imposons le plus. Notre Société est un peu enfantine, & par-là d'autant plus gracieuse & aimable.

Sérieux dans le sérieux, il y a long-tems que j'ai observé que nous étions

A iij

frivoles dans le frivole. Je conviens que cela même est dans nos mœurs, & que notre caractère résulte de celui de notre gouvernement, le plus parfait, le plus ancien qui soit dans l'Europe, parce qu'il a le mélange de force & de suavité dont la plûpart des autres n'ont que les extrémités. Notre gouvernement est *absolu*, mais je crois que vous avez tort de le traiter de *despotique*. Vous êtes réfuté par vous-même, ne fût-ce que par cette frivolité de mœurs, de caractère & de société, qui ne peut résulter que de la grande & très-honnête liberté, après laquelle les autres courent, mais dont nous jouissons de tout tems, d'autant mieux que nous en parlons & y pensons moins.

Comme je veux vous traiter un peu en malade avec une sorte de respect, agréez que je vous parle quelquefois, souvent même comme si je parlois de vous à un autre, qui n'est point vous. Cette façon est dans notre Langue la marque du plus grand respect. On ne dit point *vous* à ceux que l'on veut honorer, beaucoup moins lorsque ce *vous* peut les faire rougir de honte ou de pudeur. M. R. & d'autres se sont plaint de nous, (on entend ce *nous-là*) & de ce, que par des écrits ou des discours anonymes ou secrets, nous attaquions, selon eux, leur licence ou leur Religion. Ce sont des ménagemens & des discrétions de zèle, dont on est bien souvent obligé de se servir. Je suis ma propre façon de penser, naïve & même plus discrette, en affichant mon nom & ma conduite à côté du nom & de la conduite de M. R. pour en infirmer un peu, je l'avoüe, la trop grande autorité, s'il étoit dit qu'on n'ose lui dire en face du Public, tout ce qu'on pense de bien, sinon de lui, du moins pour lui & pour le Public.

Je ne le dissimule pas, j'en fais une profession ouverte, franche & noble, religieuse même de réfuter de point en point, le plus solidement qu'il me sera possible, le dernier Ecrit & tous les Ecrits de M. R. La Religion, la qualité de François, le titre d'Homme de Lettres, d'Académicien même m'autorisent. Je me sens un vrai zèle pour M. R. Je voudrois le *convertir*, qu'on me passe le terme; oui, le convertir à Dieu, à l'Eglise, au Roi, à la France, aux Lettres, aux Arts, à la Société, à l'humanité ; toutes choses pour lesquelles je lui connois des talens.

Ne craignez rien, M. je ne veux en rien triompher de vous si ce n'est de votre cœur, je ne veux en rien vous faire rougir de honte, mais de pudeur. *Agnosce, ô Homo, dignitatem tuam*, veux-je vous dire avec un Saint Pere. Oui, Monsieur c'est-à-vous-même que vous manquez en manquant aux Sciences, à la Société, à l'humanité que Dieu a créée, réparée, prise même avec tant de respect, l'ayant faite à son image, & unie à sa propre Personne. Je suis donc, Monsieur, votre très-humble, &c.

II. LETTRE

Oui, M. je respecte avant toutes choses l'image de Dieu qui est en vous, ne fût-ce que pour vous donner l'exemple de la respecter vous-même ; Car voila le sens unique de ce qu'on dit tous les jours, qu'un honnête homme doit se respecter lui-même. Enfin, M. R. dédie son nouveau Livre à la République de Genéve. Cela est bien ;

opposé à l'Homme physique.

mais il n'est pas bien de fonder tous ses remercîmens à sa Patrie sur la seule liberté prétendue dont elle laisse joüir ses sujets ou plutôt ses citoyens. Car le nom de sujet n'est pas du goût de M. R. qui dit en propres termes, que *s'il avoit eu à choisir le lieu de sa naissance, il auroit voulu vivre & mourir libre.... & que personne dans l'Etat n'eût pû se dire au-dessus de la Loi.* Cela s'entend trop bien.

Mais l'Auteur n'est pas chiche des plus fortes expressions, pour se faire mieux entendre. *Car*, dit-il, *s'il y a* „ *un Chef national, & un autre Chef* „ *étranger, quelque partage d'autorité* „ *qu'ils puissent faire, il est impossible* „ *que l'un ou l'autre soient bien obéis, &* „ *que l'Etat soit bien gouverné.* „ Comme absolument je ne veux point trop jetter d'odieux sur M. R. je me contente d'observer que par le *Chef national* il ne peut entendre que le Roi, & par le *Chef étranger* le Pape & les Evêques. Seulement je prie M. R. de croire qu'il n'y a point ici de partage d'autorité, personne ne partageant avec le Roi l'autorité toute entiére qu'il a sur son Royaume, l'autorité du Pape & des

Evêques étant d'un ordre tout-à-fait à part, & n'allant qu'à augmenter celle du Roi sans partage ni diminution quelconque, en redoublement même de l'une & de l'autre, *en raison doublée*, disent les Géomètres. Car il est faux que dans le concert de ces deux autorités, il soit *impossible que l'un ou l'autre soient bien obéis, & que l'Etat soit bien gouverné*; puisqu'au contraire dans le bon gouvernement de l'Etat le Roi maintient l'Eglise & la protège efficacement, & que l'Eglise ne prêche que la fidélité & l'obéissance au Roi. Il n'y a jamais eu que les Calvinistes & les Albigeois ou leurs pareils, qui ayent prêché & exercé la révolte aux Loix de l'Etat & de l'Eglise dont les intérêts ne sauroient se diviser.

M. R. devoit éviter avec soin tout ce qui peut fonder le reproche de *Philosophes Cyniques*, qu'on ne fait que trop à ceux qui critiquent tout, à propos & hors de propos : car après avoir dit qu'un chien est bon lorsqu'il aboye à propos, il ajoûte ,, qu'on hait l'im-
,, portunité de ces animaux bruïans,
,, qui troublent sans cesse le repos pu-
,, blic, & dont les avertissemens con-

„ tinuels & déplacés ne le font pas
„ même écouter au moment qu'ils font
„ nécessaires. „ Je suppose que c'est de
lui-même que M. R. parle si naïvement.

M. en ami je n'aurois pas voulu, si
vous m'aviez consulté, que vous eussiez dit que vous étiez réduit à finir
„ dans d'autres climats une infirme &
„ languissante carrière, regrettant inu-
„ tilement le repos & la paix dont une
„ jeunesse imprudente vous a privé. „
On ne sait que penser de votre expatriation & de cette jeunesse imprudente qui vous y a réduit. Il ne me convient pas de voir plus clair ni plus loin que ce que vous en dites: mais le monde est malin, & vous avez, & vous vous faites bien des ennemis.

Vous aimez à vous personnifier ; d'autres diroient à faire, à être un personnage. A quoi bon parler d'un *vertueux citoyen de qui vous avez reçu le jour*. Il n'y a qu'un Prince ou un Seigneur enfin à qui il fût permis de braver ainsi l'inégalité des conditions. Un homme comme vous dans l'aveu fastueux de la médiocrité de sa condition, ne peut par l'égalité à quoi il aspire, que révolter ses Supérieurs qu'il veut ouvertement rabaisser jusqu'à lui. Vous savez, vous voyez les façons politiques, œconomiques, civiles & polies dont on vit en France, avec quelle décence les rangs y sont réglés, les conditions étiquetées, combien par le droit de leur naissance, de leurs dignités, de leurs richesses les Grands y vivent au-dessus des petits, sans orgueil même & sans injustice, & combien les petits sans bassesse, mais non sans modestie, y sont respectueux envers les Grands.

D'ailleurs vos maximes républiquaines ne vont pas à nos mœurs. Je doute qu'à Genève on osât dans le bas étage dont vous vous glorifiez, braver en face, de graves & respectables Magistrats que vous êtes obligé, en titre, de traiter de *souverains Seigneurs*, & qui le sont en effet. Vous nous feriez soupçonner que vous avez été forcé de sortir de votre patrie par votre humeur intolérante, qui se faisoit bien mieux remarquer, donnoit sans doute plus d'ombrage & devenoit plus personnelle pour les particuliers, dans un petit état comme celui-là, où l'on se voit &

où l'on se mesure de près : au lieu qu'ici vous vous perdez dans l'immensité d'une grande Nation, qui vous voit d'assez loin ou d'assez haut, pour rire & se faire un jeu, de tous les efforts impuissans que vous faites pour lui faire dire, que vous êtes là.

A votre place je craindrois d'être l'*Homme du jour*, qu'on va voir ou qu'on appelle chez soi par curiosité. Et parlant du vertueux citoyen de qui vous tenez le jour, „ *je le vois encore*, „ dites-vous, *vivant du travail de ses* „ *mains*, & nourrissant son ame des „ vérités les plus sensibles. Je vois Ta- „ cite, Plutarque & Grotius mêlés de- „ vant lui avec les instrumens de son „ métier.

Cela est-il beau ? Je doute qu'il le soit en France, où le goût décide de tout en genre de beauté. Les Artisans eux-mêmes en concluront que cela devoit faire un mauvais ouvrier, dont ils ne seront pas surpris de voir l'héritier obligé de chercher fortune hors de la maison paternelle : & les gens de bon sens & d'honneur seront d'avis, que ce bon homme auroit mieux fait d'occuper Monsieur son cher fils, des instrumens & des façons de son métier, que de la lecture de Plutarque, Tacite ou Grotius.

Aussi M. R. avoüe que ,, les égare- ,, mens d'une folle jeunesse lui firent ,, oublier durant un tems de si sages ,, leçons. ,, Il n'auroit pas dû se citer lui-même comme une exception à ce qu'il dit que tous les citoyens de Genève sont comme son pere ,, des hommes ,, instruits & sensés, dont sous les noms ,, d'Ouvriers & de Peuple on a chez les ,, autres Nations des idées si basses & si ,, fausses. ,, M. R. ne veut pas qu'on méprise le Peuple & les Ouvriers, & lui il veut bien mépriser les autres Nations qui en pensent autrement. En France ni dans les Etats policés on ne méprise point le Peuple & les Ouvriers, lorsqu'ils sont sages, habiles, modestes & respectueux. On ne méprise les Ouvriers, que parce que communément ils sont sans éducation, sans science & fort mal habiles dans leur profession, & que sur le tout ils sont grossiers, jaloux de la fortune d'autrui, menteurs, mauvais Chrétiens, méprisans eux-mêmes, & sujets à bien des défauts & des vices bas & crapuleux

opposé à l'Homme physique.

M. R. ne veut que dire aux Magistrats de Genève & à tout le monde, que son pere sans être *distingué par la condition*, étoit pourtant, Messieurs & Messeigneurs, comme tout le Peuple de Genève, *vos égaux par l'education*. Calomnie pure de dire qu'en France on n'élève pas mieux le Bourgeois que le Peuple, & les gens nobles que les Bourgeois. Je suis bon témoin du contraire. Je suis, M. votre, &c.

III. LETTRE.

Monsieur, comme dès l'Epître dédicatoire, où les autres ne font souvent qu'ennuyer leurs Mécenes mêmes par des éloges pleins de fadeur, vous préludez par des hostilités aux grandes batailles dont votre Discours est rempli contre le genre humain, je ne suis pas surpris de vous voir vous y déclarer l'ennemi de l'Univers.

Votre but décidé, est d'abord de démêler *l'homme artificiel*, de l'homme *originaire & naturel*. Vous n'en parlez, dites-vous, qu'en Philosophe, & ce qui est pis, qu'en Physicien; & c'est

là-dessus que vous proposez un problême à resoudre. „ Quelles expériences se-
„ roient nécessaires pour parvenir à
„ connoître l'homme naturel, & quels
„ sont les moyens de faire ces expérien-
„ ces au sein de la Société.„ Regardez-
vous donc l'homme comme un Etre tout physique ? Cela paroît, puisque vous n'invoquez que les expériences physiques pour le connoître, pour le deviner. L'homme est pourtant selon l'Ecriture, l'Evangile & le Catéchisme, selon l'expérience même, un Etre tout moral & tout surnaturel, dont le corps comme l'esprit & la raison sont subordonnés à la foi & à toutes les vertus théologales & théologiques, aux vertus morales du moins.

On a beau faire des abstractions, & se dire Philosophe & demi, beau dire qu'on ne consulte que la raison. Moyse le seul qui ait droit d'en parler, nous dit positivement que Dieu forma l'homme du limon de la terre, & voilà le physique & le pur physique : mais Moyse ajoûte tout de suite & dans la même phrase, que Dieu inspira sur la face de cet homme physique un souffle de vie qui fit de l'homme une ame vivante,

vante. Formavit igitur Dominus Deus hominem de limo terræ, & inspiravit in faciem ejus spiraculum vitæ, & factus est homo in animam viventem.

Voilà ce que toute la Philosophie & beaucoup moins toute la Physique du monde ne sauroit deviner si elle n'est chrétienne. Mais voilà ce qu'elle tâche toûjours d'éluder & de méconnoître. Le passage précédent a deux parties bien marquées. Dans la premiere il s'agit du corps de l'homme & de sa forme corporelle, mais non de l'homme ni de la forme de l'homme. Le corps de l'homme n'est point l'homme, & n'est pas même l'animal de l'homme, c'est l'ame qui en est la forme raisonnable, vivante & animale même & animée.

Dieu avant tout cela avoit dit : *Faisons l'homme à notre image & à notre ressemblance*. Croira-t-on que par son corps seul, par son Etre purement physique, par la nature physique & corporelle l'homme est l'image & la ressemblance de Dieu ? Il ne seroit pas même l'image de la bête, qui dans le fond ne laisse pas d'avoir une ame vivante. Car les reptiles mêmes sont nommés des ames vivantes, *reptile anima viventis*, aussi-bien que les poissons, & les plus terrestres animaux, nommés par Moyse *animam viventem in genere suo*.

De sorte qu'on pourroit s'y méprendre & confondre l'ame de l'homme avec celle des animaux, si la condition d'être inspirée de Dieu & de son souffle, & sur-tout d'être l'image ressemblante de Dieu ne relevoit l'homme absolument au-dessus des purs animaux. Car c'est cette qualité d'image de Dieu, cent fois répétée par Moyse, par toute l'Ecriture & par toutes sortes de Traditions divines & humaines, qui est le propre spécifique de cette divine humanité, que M. R. ne fait que ravaler & comme traîner dans les boues à tout propos.

„ Laissant donc, *dit-il*, tous les Li-
„ vres scientifiques, qui ne nous ap-
„ prennent qu'à voir les hommes tels
„ qu'ils se sont faits, & méditant sur
„ les premieres & plus simples opéra-
„ tions de l'ame humaine, j'y crois
„ voir deux principes antérieurs à la
„ Raison dont l'un nous intéresse ar-
„ demment à notre bien Etre & à la
„ conservation de nous-mêmes „, &

« l'autre nous inspire une répugnance
« naturelle à voir périr & souffrir
« tout Etre sensible, & principalement
« nos semblables.

M. R. ne veut pas voir les hommes tels qu'ils se sont faits. Et comment donc veut-il les deviner si ce n'est par leurs œuvres, & par les œuvres les plus immédiates & les plus caractéristiques ? Le bon sens, comme l'Evangile nous invite à connoître l'arbre par le fruit, & l'homme d'hier par l'homme d'aujourd'hui, l'homme invisible par l'homme visible, & qui frappe & affecte intimement tous nos sens intérieurs & extérieurs. M. R. s'enfonce, je dirois presque s'embourbe dans ce que l'homme animal a de plus grossier. Encore jugeroit-on assez bien de l'homme par les sentimens. C'est même la pierre de touche & l'étiquette du jour. Notre siécle, en cela fort délicat & fort éclairé, n'apprétie désormais les hommes que par les sentimens. Mais M. R. nous ramène en premiere & je le crains en derniere instance aux sensations, les plus *antérieures à l'intelligence & à la raison*.

Son projet, son plan est formé, dé

cidé, arrêté de juger de l'homme par le physique en excluant le moral, par l'animal & nullement par le raisonnable. Ce qui est si vrai, que par la sensibilité grossière où il nous remonte, s'il ne nous dégrade, il prétend bien que nous tenons aux purs animaux, autant au moins qu'aux hommes ; de sorte que la loi de ne faire aucun mal à son prochain, & de lui faire du bien, regarde, selon lui, autant la bête que l'homme, & que la bête est autant que l'homme, notre prochain. L'Auteur le dit en propres termes à la fin de la page 43. Je ne puis gagner sur moi d'en copier les paroles.

Permettez - moi, M. R. de vous adresser la parole comme Dieu l'adressoit à Job en une circonstance qui a un air de celle-ci. Où étiez vous donc, M. lorsque Dieu créoit & constituoit l'homme tel qu'il devoit être plutôt que tel qu'il est, à son image très ressemblante, composé cependant d'un corps & d'une ame, dont l'union fort intime le rend comme tout spirituel, orné en petit de tous les attributs de la Divinité, ayant des yeux pour voir, des oreilles pour entendre, des sens extérieurs & intérieurs pour tout aprétier, tout discerner, pour mettre la main à tout, à l'ouvrage même de Dieu, aux plantes, aux fleurs, aux fruits, à la terre, & la rendre fertile, aux animaux mêmes & s'en servir, *ut operaretur & custodiret illum*. Et cet *illum* veut dire un beau Paradis de délices, une terre ornée en jardin, une nature vraie, naïve, bonne & belle.

Et ce jardin même embelli en Paradis délicieux avoit, en perspective & à son horizon, à son lambris & à sa voute, un Paradis supérieur, magnifiquement, majestueusement lumineux & brillant, comme un but & un terme auquel cet homme, moitié céleste au moins devoit aboutir ou s'élever en triomphe & porté par les Anges mêmes ? Où étiez-vous, M. R. vous qui voulez nous dire l'état primitif & *originaire* de l'homme & de toutes choses ? Car voilà comme Moyse, ce grand Législateur de l'ancien Peuple de Dieu, & comme Jesus-Christ, le vrai Législateur des Fidéles, des Chrétiens de tous les tems, & comme la Religion & l'Eglise nous le disent, sans qu'aucun autre, fût-ce un Ange, ait droit de nous en parler autrement. Vous direz des systèmes, des hypothèses ; voilà des faits, voilà l'histoire même.

C'est l'origine de la Société que vous voulez nous donner, M. Encore Moyse nous la donne-t-il, non par des systèmes & par une Philosophie physique, mais par maniere simple d'histoire & par voie de fait, qui est ici la seule voie de droit. L'Ecriture & la Religion n'ont rien de mieux spécifié que cela. Dieu fait l'homme parfait de corps de cœur & d'esprit dans un beau Paradis, destiné à un Paradis encore plus beau, qui est Dieu même dans toute sa gloire, sa splendeur & ses délices. Encore Dieu ne le trouve-t-il pas assez bien, uniquement parce qu'il est seul, sans compagnie, sans aide, & sans société.

Ah ! M. mon cher M. R. frémissez de la solitude sauvage où vous voulez nous ramener avec vous loin de nous, loin de vous. Voilà l'oracle contre lequel je vous prie, je vous supplie & vous conjure de ne pas vous révolter. *Non est bonum: Non est bonum hominem esse solum, solum, solum. Et puis, faciamus illi adjutorium simile sibi.*

Or l'homme n'étoit pourtant pas ab-

opposé à l'Homme physique. 25
solument seul. Dieu étoit là d'abord. Il y avoit du reste une multitude innombrable des poissons, d'oiseaux, de reptiles, & sur-tout d'animaux, lions, éléfans, singes, chevaux, &c. tous parfaits en leur genre, variés à l'infini, & aux ordres d'Adam qui étoit leur maître, & comme leur Dieu sur la terre...... Mais je m'apperçois que ma Lettre peut vous ennuyer par son sérieux. Je suis, M. votre, &c.

IV. LETTRE.

CE n'est pas moi, M. qui m'ennuye à vous conter le vrai de tout. Je ne voulois même dans la Lettre précédente que vous dire un mot de tout ceci en suivant de près votre Système. Mais mon propre discours m'a séduit. Toutes les fois que je parle de ce premier moment de notre félicité sur la terre, je ne puis trouver la fin de mon discours, beaucoup moins pour donner audience (pardon) au vôtre, qui n'a, je vous l'avoue, rien de flatteur pour moi, ni je crois, pour personne, qui ait la figure d'homme.

Enfin je viendrai à vous, plutôt même peut-être que vous ne voudrez m'y rappeller. En attendant permettez que sans trop m'écarter de vous, j'entre dans l'Esprit de Dieu qui ne fait rien (peut-on le dire décemment) sans *réflexion*, & voyant Adam seul de son espéce, appelle autour de lui tous les animaux, & investit en quelque façon Adam du pouvoir & du talent de les appeller à son aide & en sa compagnie, s'il daigne les croire dignes de lui.

Dieu juge les animaux peu dignes d'Adam, il veut en quelque façon voir si Adam en jugera de même ; *ut videret quid vocaret ea*. Dieu dès cette origine traite l'homme avec une sorte de respect. Il respecte son image, & surtout son intelligence & sa liberté. Dieu merci Adam n'en dégénére pas pour cette fois. Il se respecte lui-même. Des animaux n'étoient point capables de lui imposer. Il ne va pas tout d'un coup se familiariser avec eux, apprendre d'eux à végéter, à brouter, se coucher au pied d'un arbre comme eux, & apprendre même d'eux à *avoir de l'instinct*, comme le veut M. R. Dieu est présent hors & au-dedans d'Adam qui est son image.

image. Adam consulte Dieu, il se consulte lui-même, & nomme chaque animal par son nom, appellant le lion *le fort*, l'éléphant *le grand*, le cheval *le coursier*, le bœuf *l'utile*, le singe *le malin*, le renard *le fin*, le serpent *le rusé*, &c.

Et Dieu par Moyse dit avec une sorte de complaisance, qu'Adam n'en a pas manqué un seul, qu'à chacun il a dit son nom, *omne enim quod vocavit Adam animæ viventis, ipsum est nomen ejus*. Et Dieu & Moyse sur-tout en sont comme étonnés, de voir Adam si habile pour son coup d'essai, que d'avoir pénétré d'un seul regard dans la nature intime de tous les animaux, d'avoir démêlé leurs talens, reconnu leurs instincts, &c. On loue Aristote & Alexandre même d'une Histoire des Animaux.

Il étoit bien question d'écrire une Histoire ? Adam n'en avoit pas besoin; tous les jours il voyoit & revoyoit les animaux & toute la nature qui n'avoit rien de plus mysterieux pour lui que cette portion animée; & il revoyoit tout cela comme des animaux, des bêtes qui n'avoient chacune que la petite portion d'intelligence dont il avoit lui seul la plénitude, & dont aucune n'étoit digne de rompre la solitude dont il aspiroit sans cesse à se délivrer. Car toutes ces façons, vûes & revûes de Dieu & d'Adam n'aboutissoient qu'à ce mot : *Adæ verò non inveniebatur adjutor similis ejus*, c'est-à-dire, il n'y avoit point là de société pour Adam.

Voilà la conséquence de tout ce qui précéde : *immisit ergo Dominus Deus soporem in Adam*, Dieu envoya donc un assoupissement, un sommeil pendant lequel il lui ôta une côte dont il forma Eve, sa seule & propre compagne désormais. Or comme Adam en voyant tous les animaux les uns après les autres, les avoit très-bien reconnus incapables de sa société, & dignes uniquement d'être ses esclaves, dès qu'il vit Eve il la reconnut sa compagne, & en propres termes l'os de ses os, la chair de sa chair, en un mot sa chere moitié, *hoc nunc os ex ossibus meis, &c.* moitié inséparable, & pour laquelle lui Adam étoit prêt à se détacher de tout, & par l'évènement même à se détacher de Dieu ; *relinquet homo... & adhærebit uxori suæ*.

Ce mot *adhærebit* en opposition au *relinquet*, marque une société bien forte & bien intime, plus morale cependant & théologique que physique, & qui d'un seul mot renverse avec tout ce qui précéde toute la doctrine & les prétentions & le Livre de M. R. Car d'abord il péche dans le grand principe de rechercher le principe de la société humaine dans le pur physique & dans de prétendues expérience qu'il voudroit qu'on fît, & que par conséquent personne n'a faites, ne fera & ne peut faire.

C'est une réflexion à faire, que dans tout cela, dans tout ce que l'Ecriture dit de l'origine de la société humaine, il n'y a pas un mot de physique, je dis de physique naturelle & de naturalisme; puisque la création d'Adam est antérieure à la Physique & aux loix de la Physique humaine, de la nature physique de l'homme, & que la création ou génération d'Eve n'a rien de physique & de naturel, & est un pur miracle tout surnaturel.

Enfin personne ne peut savoir mieux qu'Adam son histoire, sa nature, ses premieres actions, ses plus naturels &

intimes sentimens. Il n'y a que lui & ses successeurs, enfans & petits enfans, qui ayent pû en transmettre la tradition jusqu'à Moyse, & par Moyse jusqu'à nous, Adam, comme on dit, y étoit lorsque tout cela se fit, & Dieu prévoyant les excès de nos Philosophes soit disant modernes, & pour nous garantir de leur séduction, a voulu, cela est sûr, que Moyse, l'Ecriture & l'Evangile fussent un rempart inébranlable & bâti sur la pierre ferme à l'épreuve de toutes les séductions de l'enfer.

Il y auroit trop d'orgueil à vouloir qu'Adam n'y eût rien entendu, & à prétendre en même tems que l'on est soi-même mieux instruit qu'Adam, que toute l'humanité & toute l'Eglise sur un article qui sûrement n'est point du ressort de la Philosophie & de la raison ordinaire, & est tout historique, tout de fait & de pure tradition. Qu'avons-nous à faire de toute cette Physique manquée, pour embrouiller tout cela ?

Je suis persuadé que M. R. n'a pas senti toute la conséquence de sa façon de traiter un point si délicat. Il a trop voulu aller à l'origine de la société humaine. Il n'a pas pris garde que S. Paul en avoit fait un mystère & un sacrement; & reconnu dans la société *originaire* d'Eve & d'Adam l'union de J. C. avec son Eglise : *Hoc sacramentum magnum est, in Christo dico & Ecclesia.* Ce qui n'a rien de surprenant, l'Eglise étant dans sa notion correcte une assemblée & une société, & la société même des hommes fidéles en J. C. & cette divine Eglise étant éternelle & de tous les tems, ayant commencé dès ce moment de la société même d'Eve & d'Adam, figures précises & expresses de l'Eglise & de Jesus-Christ.

Dieu évidemment n'a jamais pensé à faire les hommes qu'en société, en communauté de sentimens & de Religion. Et le Verbe par qui & pour qui tout a été fait, & sans qui rien n'a été fait, a toûjours été l'unique lien de la société humaine, lien fort supérieur au Physique, en force autant qu'en dignité. Car Messieurs nos Philosophes qui ne connoissent que le physique & qui ne voyent rien de plus fort, parce que tous leurs sens en sont saisis & affectés, devroient se défier un peu & beaucoup de leurs prétendues expériences, & tout-à-fait de leurs Systêmes,

C iij

le plus souvent peu conformes à la raison & toûjours par malheur contraires à la foi. Je reviens donc à vous, M. R. pour vous dire combien je suis votre très humble, &c.

V. LETTRE.

JE ne veux point, M. jetter sur vous plus d'odieux que vous n'en jettez vous-même. Je serois même bien fâché de vous donner tout celui auquel vous vous exposez. J'ai un vrai zèle, Dieu merci, de charité & d'amitié. Mais *amicus Plato, amicus Aristoteles, magis amica veritas*. Vous convenez en passant que cet état de nature où vous voulez prendre l'homme naturel comme sur le fait, c'est-à-dire, le deviner, n'a jamais existé; ce qui n'est pourtant pas si exactement vrai: mais on peut vous le passer.

Vous convenez même que, la Reli-
„ gion nous ordonne de croire que Dieu
„ lui même ayant tiré les hommes de
„ cet état de nature, ils sont inégaux,
„ parce qu'il a voulu qu'ils le fussent;
„ & que tout ce qu'il y a à dire là-des-

„ surs ne sont que des conjectures tirées
„ de la seule nature de l'homme & des
„ Etres qui l'environnent, sur ce qu'au-
„ roit pû devenir le genre humain, s'il
„ fût resté abandonné à lui-même.

Il n'est pas exact de dire, que Dieu *a tiré les hommes de cet état de nature.* Ils n'y ont jamais été; & par où pouvez-vous donc savoir, & sur quoi pouvez-vous *conjecturer ce qu'auroit pû devenir le genre humain s'il fût resté abandonné à lui-même*, à la merci de *sa nature & des Etres qui l'environnent.*

Je conviens que les Théologiens orthodoxes ne laissent pas d'en proposer l'hypothèse, mais ils la modifient beaucoup, & la corrigent des excès philosophiques ausquels vous la livrez. Ils font toûjours de l'homme dans l'état de pure nature, un Etre moral, sociable & soûmis à des devoirs naturels envers Dieu, envers ses pareils & envers toute la nature environnante, soit physique, soit animale. Au lieu que vous réduisez l'homme au pur physique & à la pure animalité; ce qui est purement déïste, & peut-être épicurien : car vous y mettez beaucoup de hazard, & très peu de sollicitude ou point du-tout, de la

C iiij

part de Dieu. Est-ce des Dieux d'Epicure que vous nous parlez ? Je le crains.

Dès que l'homme est un animal raisonnable, jamais Dieu, qui fait tout pour sa gloire, ne le dispensera de tendre à le connoître, à l'aimer, & à l'adorer, à l'honorer comme son Créateur, son bienfaiteur, & l'Auteur actuel de la vie, de la santé & de tout le détail de biens, respiration, lumiere, nourriture, bien-aise dont il jouit à tous les instans.

C'est à deviner encore si les purs animaux dans leur simple instinct sont capables de quelque connoissance, de quelque intelligence morale, relative à leur sorte de liberté, de spontanéité ; mais s'ils en sont capables, je croirois sans hésiter, qu'encore ont-ils aussi des devoirs moraux, relatifs à la gloire de Dieu, au respect qu'ils doivent à l'homme, & à une sorte de *bienfaisance* sociable entr'eux & envers toute la nature, ouvrage de Dieu respectable pour eux. Qui sait & qui peut savoir, si n'ayant point ce qui s'appelle des idées claires & intuitives des choses, ils n'en ont pas au moins ce que nous appellons opposé à l'Homme physique.

des sentimens qui tiennent le milieu entre les idées & les sensations grossiéres, dont on ne doute pas que les animaux ne soient sans cesse affectés.

J'ai donné il y a vingt ans cette distinction, d'*idées*, de *sentimens* & de *sensations* dans des Lettres sur la double Musique oculaire & auriculaire, Lettres adressées au nombre de six dans nos Journaux au célébre Président de Montesquieu, qui vient de mourir, hélas! entre mes mains. Je définissois alors le *sentiment* une idée enveloppée ou la réunion & le concert de plusieurs idées, & la *sensation* un sentiment enveloppé ou la réunion & le concert de plusieurs sentimens. On pourroit définir la sensation un sentiment confus, & le sentiment une confusion d'idées. Dieu n'a que des idées. La bête n'a peut-être que des sensations, l'homme a des sentimens; ce qui n'empêche pas qu'il n'ait aussi des idées, comme raisonnable, & des sensations, comme animal. Je suis, M. votre, &c.

VI. LETTRE.

Monsieur, ne croyez pas que mes Lettres vous soient simplement adressées comme une critique. Je vous les dédie comme un Ouvrage de Physique & de *Philosophie Antidéiste*, dont seulement je crois que vous avez besoin, pour empêcher le Public d'être séduit par vos raisonnemens un peu outrés.

En entrant en matiére, pour mieux connoître l'homme, ,, vous le dépouil-
,, lez de tous les dons surnaturels qu'il
,, a pû recevoir, & de toutes les quali-
,, tés artificielles qu'il n'a pû acquérir
,, que par de longs progrès. Quelle façon de raisonner! Quoi? pour connoître l'homme, vous lui ôtez tout ce qu'il a, tout ce qu'il est de mieux? Dépouillez-le donc aussi de son esprit, & réduisez-le au corporel, au matérialisme pur. Cette façon n'y va que trop.

M. R. veut tout tirer de sa tête, & éclore l'homme & l'humanité de son cerveau. L'homme ,, selon lui, n'est point ce que Dieu le fait en l'ornant de toute façon, mais ce qu'il le fait lui M. R. en le dénuant de tout ; tel, prétend-il, *qu'il a dû sortir des mains de la nature*. La voilà cette nature que M. R. invoque comme une bonne mere, en excluant formellement Dieu & ses bienfaits *surnaturels*, traités d'*artificiels* parce qu'ils ne sont pas physiquement naturels ; comme si Dieu en faisant l'homme avoit dû ou prétendu faire un Etre purement physique, purement naturel, un corps sans ame.

C'est après ce dépouillement de tout ce que l'homme a de mieux, & qu'il a eu par le bienfait de Dieu depuis le premier moment de sa création, que M. R. se plaît à le contempler & à nous le faire contempler sans en rougir. Et c'est alors qu'il dit avec satisfaction, „ Je vois, *dit-il*, un animal moins „ fort que les uns, moins agile que les „ autres ; mais, à tout prendre, orga- „ nisé le plus avantageusement de tous. Encore pourroit-on demander à M. R. comment il voit l'homme mieux organisé que tout autre ? Y a-t-il d'Anatomiste au monde qui puisse décider cette question que M. R. tranche ici de sa pleine autorité. On peut le présumer que l'homme est le mieux organisé de tous les animaux. Mais je crains que M. R. ne veuille trop reduire l'homme, sa raison, son esprit à cette meilleure organisation.

En un mot l'homme primitif, naturel & originaire de M. R. n'est qu'*un animal*, seulement capable de devenir raisonnable avec le tems, & en vérité pour son malheur. Notre Auteur ne le perd plus de vûe depuis qu'il l'a réduit à son *animalité originaire*. Suivons-le. *Je le vois*, dit-il, *se rassasiant sous un chêne, se désaltérant au premier ruisseau, trouvant son lit au pied du même arbre.* Comme M. R. est le créateur de cet homme animal, il en fait les honneurs, le tourne, le retourne, le prodigue, en un mot, l'élève à sa façon, ou le donne à élever aux autres animaux en titre. L'homme, *les hommes dispersés parmi eux* (les animaux) *observent, imitent leur industrie, & s'élèvent ainsi jusqu'à l'instinct des bêtes.* Ce n'est point là un trait, c'est un système, celui de tout le Livre.

De sorte qu'en venant au monde, l'homme, tel que Dieu l'a fait apparemment, n'a pas même *l'instinct des opposé à l'Homme physique.* 37 *bêtes,* qui sont, selon l'Auteur, les nourrisses, les gouvernantes, les gouverneurs, précepteurs & instituteurs, à qui il confie la grande éducation de l'homme, jusqu'à être chargé de lui donner de *l'instinct*, un instinct animal inclusivement. Pour le moins, Dieu donne à l'homme naissant un pere & une mere, des oncles & tantes, des freres & des sœurs, des voisins & des amis, des Princes mêmes & des Magistrats surveillants son éducation. Mais par maniere de problême, je demande si l'homme de M. R... n'est pas un champignon, un serpent, un ver à la façon de Diodore de Sicile !

L'Auteur paroît faire des façons, pour dire que son *homme originaire* est un sauvage. Il y vient ensuite, & le dit enfin tout net. La premiere qualité de ce sauvage nud & aguerri aux injures de l'air, est de devenir robuste & vigoureux, s'il est né fort ; & de périr, s'il est né foible ; en quoi l'Auteur loue la bonne nature d'avoir pourvû au dépérissement d'une créature inutile. Ce raisonnement s'appelle de la Philosophie. La nature est encore fort applaudie d'avoir fait naître cet animal unique, sans armes de défenses, parce que cela lui donne l'industrie d'en faire, & peu-à-peu l'esprit des arts; esprit de corruption, au dire de M. R...

Car c'est-là ce qui gâte tout, que cet animal né sauvage, solitaire sans armes, talent ni esprit, ni instinct même, si ce n'est celui de boire, de manger & dormir, parvient pourtant à la longue à surpasser ses maîtres, les animaux, & à avoir de l'esprit, des armes & des arts, à force, sans doute de *réfléchir* & de *méditer*, ce que les autres animaux ont la sagesse de ne pas faire ; sans quoi ils acquerroient de l'esprit, & avec le temps, des arts, des sciences & une société ; toutes choses contre nature, & l'effet d'une nature dépravée. Car en propres termes, M. R... dit à ce propos: & ,, *il ose presque assurer que l'état* ,, *de réflexion est contre nature, & que* ,, *l'homme qui médite est un animal dé-* ,, *pravé.* Je suis, M. votre très, &c.

VII. LETTRE.

Monsieur, on voit que la vie libre des Sauvages vous a pris au cœur. Vous louez surtout leur bonne consti-

opposé à l'Homme physique. 39
tution, & leur exemption de la plupart des maladies qui nous infestent. Point de respect humain : chacun a sa vocation : au lieu de vous amuser inutilement à critiquer la nôtre, peut-être que les infirmités dont vous vous plaignez, ne sont l'effet que de cette vie civile, à laquelle vous vous prêtez à contre cœur, & dont vous vous plaignez aussi. *Aude hospes contemnere opes*, &c. Tous les jours la France envoie des Colonies aux Sauvages de la Louisianne ou du Canada.

Encore trouverois-je la vie de nos Sauvages ordinaires, trop sociable pour vous : ils ne sont peut-être pas aussi bêtes & animaux que vous les voulez, que vous les faites du moins : & réellement vous ne voulez pas qu'on juge des vôtres par ceux que nous avons sous les yeux. Vos Sauvages sont isolés, & jettés au hazard pêle mêle avec les bêtes dans les forêts. Les nôtres ont chacun pere, mere, femmes, enfans, parens, amis & compatriotes, avec qui ils vivent en corps de village & de nation, en société de loix, de devoirs & d'intérêts, de guerre même & de paix & de Religion.

,, Ce n'est pas, *dites vous*, un si grand
,, malheur à ces premiers hommes, ni
,, surtout un si grand obstacle à leur
,, conservation, que la nudité, le dé-
,, faut d'habitation & la privation de
,, toutes ces inutilités que nous croyons
,, nécessaires... Il est clair, *ajoutez-*
,, *vous*, que le premier qui se fit des
,, habits ou un logement, se donna en
,, cela des choses peu nécessaires, puis-
,, qu'il s'en étoit passé jusqu'alors, &
,, qu'on ne voit pas pourquoi il n'eût
,, pû supporter, homme fait, un genre
,, de vie, qu'il supportoit dès son en-
,, fance.

Voilà, par exemple, un genre de philosophie, que comme philosophe, je
n'ai jamais compris, & qui a pourtant
comme prévalu en France depuis Descartes, & dont Newton ne nous a pas
corrigé, de raisonner à perte de vue &
avec affirmation sur des Hypothèses
évidemment, positivement fausses, &
directement contraires à l'Histoire la
mieux reçue & aux faits les plus positifs, sans parler de la foi, de la tradition, de la Religion. Et comment les
Philosophes veulent-ils être crus, lorsqu'ils disent qu'ils cherchent la vérité?

Il est positivement faux, que le premier qui se fit des habits, fit des choses peu nécessaires, faux & contre la décence, la pudeur & la foi, que parce que le premier homme s'en étoit passé jusqu'alors, il pût s'en passer déformais. Rien n'est mieux marqué dans l'Histoire la plus incontestable du genre humain: 1°. Qu'Adam & Eve, innocens & nuds, ne rougissoient point de leur nudité, & n'avoient nul besoin d'habits contre le froid, le chaud, le vent, les bêtes, &c. 2°. Que le péché étant arrivé, Adam & Eve rougirent l'un de l'autre, & chacun de lui-même. 3°. Que Dieu même eut la bonté de leur faire des habits de peau & de leur apprendre à en faire. De sorte que je suis surpris que les sçavans Erudits ne remarquent pas que de tous les arts le premier & le plus ancien est celui-là ; & que les tailleurs ne se vantent pas d'être les premiers artistes de l'Univers.

Une chose remarquable, c'est que Moïse n'articule d'autre raison de se faire des habits, que la pudeur. M. R... me permettra de lui reprocher qu'il s'honore peu devant les honnêtes gens, lorsqu'il veut s'honorer devant les prérendus Philosophes par des raisons physiques, qu'encore il ne trouve pas, puisqu'il dit qu'il n'y en a pas, & qu'il *ne voit pas pourquoi*, &c. M. R... est-il physicien ? je le demande.

M. R. manie l'homme, son semblable, le semblable de Dieu, l'égal presque de J. C. avec trop peu de respect & de pudeur. Mais c'est à moi de remarquer la différence de la Philosophie sacrée & de la Philosophie profane. Celle-ci, toute physique, toute matérialiste, toute fausse dans les hypothèses, même, toute contraire aux bonnes mœurs, ne va qu'à décrier ses auteurs, dont réellement le monde fait peu de cas, & ne fait qu'en rire s'il n'en est indigné. Au lieu que la Philosophie sacrée, toute vraie & toute historique, est la décence même, & la règle constante de nos mœurs. Car M. R... qui ne voit pas pourquoi le premier homme s'habilla, voit pourtant tous les jours tous les hommes & lui-même s'habiller par pudeur & par besoin.

Que va-t-il s'embarrasser d'un premier homme fictif, dont il n'a aucunes nouvelles à nous donner, & qu'il convient même qui n'a jamais existé ? gens comme lui, qui n'en sçavent pas plus que les autres, doivent se contenter de voir les hommes tels qu'ils sont, & tels qu'ils ont évidemment toujours été dans les positions extrêmes où il les met sans nécessité.

Sur les arts, l'Auteur croit qu'il a fallu bien des siécles, pour trouver le simple art de faire du feu. Il nous croit sans doute comme les *Pongos*, espéce de singes, qui se chauffent volontiers au premier feu qu'ils rencontrent; mais ne s'avisent jamais d'en allumer, manque de le sçavoir. Mais les langues & le simple art de la parole poussent à bout la philosophie généalogique de M. R... On ne voit chez lui pas la moindre vestige, le moindre indice, qu'il ait jamais lû ou entendu parler de la Genese, qui est justement la vraie Philosophie généalogique de Moïse, où sans se piquer de Philosophie & de recherche, ce saint Législateur n'a eu la peine que de dire le vrai historique des choses, sous la dictée du S. Esprit, & la lueur pure de la tradition.

Réellement les Philosophes & les savans Erudits sont à plaindre avec leurs systêmes, de vouloir éternellement deviner les origines de toutes choses, tandis que Moïse nous les donne tout au vrai dans sa Genese ou dans son Pentateuque, & cela sans mystère, sans ambiguité; & dans son historique le plus simple & le plus naïf. C'est de ce ton que Caïn est dit avoir bâti *Enochia*, la premiere ville de l'Univers; Jubal avoir inventé la Musique à cordes & à vent, Tubalcaïn, avoir inventé la Métallurgie à la fonte & au marteau; Enos, avoir mis le premier en règle le culte du Seigneur; Noé, avoir bâti l'arche ou le premier vaisseau; avoir planté la vigne; ses enfans, avoir bâti Babylone & sa tour, &c.

Or, je ne me crois pas un plus grand, mais bien un plus vrai philosophe que M. R... en sachant tout cela, tel que Moïse me l'apprend. Pour ce qui est des Langues, dont M. R..... est si en peine de découvrir l'invention, ignore-t-il qu'Adam parloit à Dieu dans le jardin de délices, qu'il nomma de leur nom tous les animaux; que dès qu'il vit Eve, il devint diserr, éloquent, prophète & comme poëte en sa faveur, avec toute la décence possible, & d'un ton digne de Dieu même, qui étoit pré-

sent, & la lui présentoit ? Je suis, M.
votre très-humble, &c.

VIII. LETTRE.

Monsieur, j'ai ri, je vous l'avoue, lorsqu'après tout cela je vous ai vû nous dire : „ Je dirois bien comme „ beaucoup d'autres, que les Langues „ sont nées dans le commerce des pè- „ res, des mères & des enfans. " En voilà, je crois la clef : M. R..... ne veut rien dire comme les autres. Il y trouve, dit-il, des objections insolubles, & des fautes de raisonnement. Le grand défaut qu'il y trouve, est que cela nous dit bien comment les sociétés une fois faites, s'entretiennent ; mais non comment elles se sont faites originairement.

Mais voilà justement un raisonnement, où je trouve moi-même un grand défaut de philosophie. Toute la saine Philosophie réclame ici contre l'esprit très particulier de l'Auteur, qui ignore tout net que la conservation des choses est une répétition continuée de leur premiere création. Et réellement le commerce des peres, meres & enfans, ayant, selon la nature & les intentions revelées de Dieu, formé la premiere & toutes les premieres sociétés; je défie de trouver d'autre raison que ce commerce, de la conservation de toutes les sociétés naturelles, qui ont subsisté ou subsistent encore sur la terre, chez les Sauvages comme chez les peuples policés.

M. R... Manie les hommes *originaires*, naturels & primitifs comme des *troupeaux* d'animaux sauvages, qui ont besoin de quelqu'un qui les maintienne dans cette espéce de société. Encore ce beau mot de *troupeaux*, dont mon style pourroit rougir, est-il de M. R... & dans son style naturel. Adam a beau dire & prédire à la vûe d'Eve, que l'homme quittera pere & mere pour s'attacher à sa femme *adhærebit*, & ce qu'Adam a prédit, a beau se vérifier à chaque instant depuis six mille ans.

„ Au lieu, *dit M. R...* que dans
„ cet état primitif n'ayant ni maisons
„ ni cabanes, ni propriété d'aucune es-
„ péce, chacun se logeoit au hazard,
„ & souvent pour une seule nuit: Les
„ mâles & les femelles s'unissoient

opposé à l'Homme physique.

„ fortuitement selon la rencontre,
„ l'occasion & le desir, sans que la pa-
„ role fût un interprète fort nécessaire
„ des choses qu'ils avoient à se dire. Ils
„ se quittoient avec la même facilité :
„ Quelle brutalité !

Car voilà comme on traite ce que S. Paul, je le répéte, traite de grand Sacrement, & de mystère même dès la fondation de l'Eglise de J. C. C'est ébranler les fondemens de l'Eglise que d'ébranler, comme le fait M. R. ceux de la société humaine, surnaturellement élevée à Dieu par J. C. dès le premier instant d'Eve & d'Adam.

Il y a ici une observation fine ou délicate à faire, sur la sorte de profondeur superficielle dont M. R. ne laisse pas de traiter son sujet. On ne voit pas d'abord pourquoi à l'occasion des Langues cet Auteur s'embrouille dans des Dissertations qui touchent fortement au fond de la question de la société. Il est fâcheux pour M. R. d'ignorer le fonds de la Religion qui influe de très-près dans tout cela.

Comme dans le vrai le plus théologique, c'est le Verbe de Dieu qui a fait le monde & la société, & pour qui spécialement le monde & la société humaine ont été faites, la parole qui est le principal lien de la société, & qui est en nous l'image spécifique du Verbe, ne peut manquer de venir ici à la traverse de toutes les Dissertations profondes de M. R. qui du reste ne s'y pique pas qu'une grande profondeur théologique ni morale même, rapportant tout absolument à la pure Physique & à la nature, nature d'autant plus capable de lui faire tout prendre à gauche, qu'elle est la pure nature corrompue, & que par un travers étonnant il la prend constamment pour la premiere nature innocente, saine & digne de l'homme & de Dieu.

M. R. n'est pas Théologien : il en convient assez, ses pareils s'en vantent même. Ces Messieurs croient que tout est dit, lorsqu'ils ont dit : *Je suis Philosophe & ne suis pas Théologien.* Et tant pis s'ils ne le sont pas. La Philosophie est, selon Ciceron même, la science des choses divines & humaines, & est par conséquent une Théologie en premiere instance.

Eternellement la Philosophie profane est en divorce avec la Philosophie sacrée

opposé à l'Homme physique.

créé, qui est la Théologie. Eternellement celle-ci reclame contre celle-là, & la Foi même contre la raison. Tout est sacré en quelque sorte comme ouvrage de Dieu, & il n'y a de profane que ce que nous profanons. On a beau faire, la Foi tient à tout, & tout ce qui n'est pas pour elle est contr'elle à coup sûr : je ne connois que la Géométrie qui soit de pure raison, de pure idée claire & démonstrative.

Pour le moins tout a été fait pour J. C. comme Médiateur, & comme Homme-Dieu ; & tout lui est relatif & subordonné. Pour le moins tous nos Systêmes les plus physiques doivent avoir une relation & une subordination intime au théologique, & la raison à la Foi qui est la raison de Dieu. Par exemple, dans tout son raisonnement M. R. ne fait pas la moindre attention à cette vraie Lumiere qui illumine en propres termes tout homme venant en ce monde. *Erat Lux vera quæ illuminat omnem hominem venientem in hunc mundum.* M. R. paroît totalement ignorer la Religion Chrétienne. Je suis, &c.

IX. LETTRE.

Monsieur, rien ne prouve mieux que vous heurtez la Religion, faute de la connoître, & je veux le supposer, sans mauvais dessein, que de vous voir prendre positivement l'état de votre sauvage solitaire & animal pour l'état d'innocence primitive, pour l'état même d'une félicité & comme d'un Paradis terrestre, & au contraire la vie civile, réguliére & œconomique, politique même pour le propre état de dégradation & de corruption de notre nature.

Tout ce dont je vous blâme, c'est d'écrire si souvent, si amplement, si affirmativement & avec tant de fracas & de tracas sur des matiéres qui ne sont en rien de votre compétence & de votre ressort. Sentez donc, M. que cela aigrit les cœurs & ameute les esprits, & nous fait tomber des mains les vraies Sciences, les Arts utiles, & peut vous nuire à vous-même beaucoup à la fin. Un homme d'une imagination forte, qui n'a qu'un but & qui y va toûjours, est *opposé à l'Homme physique.* ỹt un homme à craindre, & ressemble bien à ce qu'on appelle un enthousiaste, un illuminé. Et vous avez vû que sur la seule Musique Italienne ou Françoise, vous avez, il y a deux ans, pensé faire une sorte de révolution dans les Arts, si ce n'est dans les mœurs.

Pour le coup, ce seroit bien dans nos mœurs que vous mettriez de l'indécence & du vice même, si on vouloit croire que l'homme dans son état même d'innocence, dès qu'il a assouvi au hazard son appétit brutal avec la premiere femme qu'il rencontre sous un chêne ou au bord d'un ruisseau, laisse là la mere & l'enfant; & n'y pense plus. Vous êtes, il est vrai, forcé de convenir que la mere soigne l'enfant, & l'allaite pendant un tems, mais sans aucun sentiment de la nature, selon vous, & plus *pour son propre besoin*, ce sont vos termes, & pour se délivrer d'un lait qui l'incommode que pour le besoin de l'enfant & pour lui prolonger une vie qu'elle lui a donnée pour son propre plaisir. Quelle inhumanité ! Quelle non humanité !

Je ne crois pas qu'un Systême si dénué de sentimens, ait été imaginé ou

E ij

adopté avant M. R. Il va de suite dans ce contre-torrent de la nature. Dès que l'enfant peut se pourvoir, la mere le laisse, il laisse la mere, & va brouter en solitude de son espéce avec les autres animaux. Pour le moins notre siécle, qui fait cas des sentimens, ne goûtera point un Systême de gueuserie & de bêtise, dans lequel ni pere, ni mere, ni enfans n'ont de droit ni de fait aucun sentiment naturel l'un pour l'autre.

Voici la fin du Systême : il s'agit d'inventer les Langues, & M. R. n'en peut venir à bout. Ni pere, ni mere, ni enfans ne savent parler. Le pere & la mere n'en ont nul besoin pour se dire qu'ils sont bêtes & animaux grossiers. Il n'y a que l'enfant qui, par malheur pour lui ait des besoins. C'est donc à lui *de les expliquer à sa mere*, qui du reste n'est pas obligée de les deviner. ,, L'en- ,, fant, *dit l'Auteur*, a plus de choses ,, à dire à la mere que la mere à l'en- ,, fant. C'est donc lui qui doit faire les ,, plus grands frais de l'invention des ,, Langues, & la Langue qu'il em- ,, ploye doit être en grande partie son ,, propre ouvrage. Cela est nouveau.

Voilà bien manifestement l'écueil

du Systême de M. R. Il a voulu tout reduire à la Physique atomique & corpusculaire, en un mot matérialiste, & il n'a trouvé dans cette nature non sentante, non sentimentée aucune ressource pour expliquer les sentimens les plus naturels & les plus ordinaires, les plus faciles, les plus vifs même de l'humanité. Rien ne démontre même mieux que nous avons une ame, un cœur, un esprit, que l'embarras de M. R. qui du reste se fait bien tort j'en suis fâché, en s'établissant dans le monde & dans un monde plein de sentimens & d'honneur, pour un homme qui ne sent rien, &c.

Jusqu'ici, au reste, père, mere, nourrisse, Précepteurs, Maîtres ont appris aux enfans à parler, & le propre tourment des enfans a été d'apprendre les Langues qu'on leur montre à grand'peine, à grands frais. Point, M. R. veut que ce soient les enfans qui inventent les Langues, & les montrent à pere, mere, nourrisses & Précepteurs. La Tour de Babel qui confondit & embrouilla beaucoup ses constructeurs, auroit pourtant été ici le dénoûment & la résolution facile du Problême qui embrouille & confond M. R.

Il est vrai que ce fut un miracle où Dieu inventa & apprit aux hommes vingt & trente Langues tout d'un coup. M. R. a lû peut-être Horace, sur-tout à l'endroit où cet affranchi loüe M. son pere avec assez de décence. M. R. ne veut point de *Deus in machinâ* qui dénoüe une intrigue, digne pourtant de lui, *dignus vindice nodus* ; & il veut qu'un enfant qui vient de naître invente une Langue pour expliquer ses besoins, qui sont grands, il est vrai. Mais l'enfant pleure & la mere l'entend assez. Car il ne faut qu'un mot pour tirer M. R. de son embarras, ne voulut-il pas même que Dieu y fît un miracle.

Mais je ne puis pas m'empêcher de dire, que M. R. calomnie la nature même, & Dieu à plus forte raison, lorsqu'il dit en termes clairs ,, qu'on ,, voit du moins au peu de soin qu'a pris ,, la nature de rapprocher les hommes ,, par des besoins mutuels, & de leur ,, faciliter l'usage de la parole, com- ,, bien elle a peu préparé la sociabilité, ,, & combien elle a peu mis du sien ,, dans tout ce qu'ils ont fait pour

„ en établir les liens naturels. " Quoi ? Dieu qui met Adam dans un Paradis de délices, qui le constitue maître des animaux & des fruits, qui dit que l'homme solitaire n'est pas bien, qui lui crée exprès une compagne, qui la tire de sa chair & de ses os, qui fonde la constitution de l'Eglise même sur *leur sociabilité !* Quoi Adam qui reconnoît par sentiment, par pressentiment & en Prophête sa destination naturelle & surnaturelle, qui dit *relinquet*, qui se sert du mot *adhærebit*, &c. Quoi ? Dieu & l'homme *ont pris peu de soin*, &c ?

M. R. va jusqu'à dire que dans cet état de nature „ un homme n'a pas plus „ besoin d'un homme, qu'un singe ou „ un loup de son semblable. " Comme on profane l'image de Dieu ! Et l'*adjutor similis ejus* &. le *faciamus adjutorium simile sibi* de l'Ecriture Sainte ! Encore un singe & un loup ont-ils besoin de leurs semblables, ne fût-ce que pour se propager selon la nature & de l'ordre exprès du Créateur, qui a dit expressément aux bêtes mêmes en les benissant : *Crescite & multiplicamini & replete*, &c. Je suis, &c.

X. LETTRE.

Voici comment M. R. explique l'état d'innocence, où j'ai dit qu'il constituoit les hommes naturels : il les caractérise „ ne pouvant être bons ni „ méchans, n'ayant-ni vertus ni vices, „ n'ayant nulles relations morales, ni „ devoirs connus." C'est une innocence négative : celle d'Adam étoit positive & méritoire. Il pouvoit être bon ou méchant, il avoit des vertus, il pouvoit contracter des vices, comme en effet il en contracta. Il avoit des relations morales, théologiques même avec Dieu, Eve & ses descendans : il avoit des devoirs, d'aimer Dieu sans doute & de l'adorer, & sur-tout de lui obéir en ne mangeant pas du fruit défendu, dont le précepte est clairement intimé d'abord à Adam tout seul, & ensuite à lui & à Eve.

L'éloquence humaine & de bel esprit, à force de vouloir tout caractériser ne caractérise rien, parce qu'elle ne le fait que par une abondance d'expressions & de paroles recherchées, &

le plus souvent antithétiques, qui se détruisent elles-mêmes, se contrarient, s'énervent, & pour trop dire ne disent rien. Et puis les trois quarts qui se mêlent d'éloquence ou de style n'y entendent souvent rien, & tous ne sont ni des Virgiles, ni des Cicerons. Et Ciceron & Virgile n'ont après tout qu'une éloquence ou un style de recherche, d'ambition, d'ostentation qui n'est que d'artifice, & ne va qu'à faire paroître vrai ce qui est faux, ou faux ce qui est vrai. L'Ecriture Sainte n'a besoin que du vrai qu'elle dit, pour le faire goûter, pour le faire entendre du moins.

On croiroit que M. R. a beaucoup Hobbes en vue, pour le réfuter dans ce que son système a d'impie : on ne voit pourtant pas que l'impiété de Hobbes le révolte beaucoup ; s'il la refute, c'est en la couvrant, en l'effaçant. Hobbes n'est impie, qu'en ce qu'il suppose l'homme capable d'impiété. L'homme n'ayant de soi ni vertus ni vices, ni relations morales, ni devoirs connus, ne sçauroit être impie, quoi qu'il fasse, non plus que la bête brute & animale.

L'homme de Hobbes est bête jusqu'à

l'impiété : celui de M. R. est impie jusqu'à la bêtise. Il n'est pas impie, mais il n'est pas pieux : il n'est rien de moral. Ce n'est que de la matiere peu à peu organisée, & enfin devenue animée & capable à la longue de se développer en esprit, pour s'exhâler tôt ou tard à rien, à force de s'affiner. Voilà la Physique encore mal déduite & très-équivoquement énoncée.

La premiere vertu que M. R. donne à son suppôt d'humanité, devenu sociable, ou en voie, ou en vue de le devenir, c'est la pitié, vertu animale & de pur tempérament, selon l'Auteur, qui charmé de cette belle découverte, va réformer jusqu'à l'Evangile, sur le double Commandement de l'amour de Dieu & du Prochain : Commandement le plus exprès, le plus clairement intimé, le plus souvent répété par Moyse, par Jesus-Christ, par les Apôtres & par tous les Législateurs les plus Idolâtres, par la nature même la plus corrompue. *Hoc maximum Mandatum, diliges Deum tuum: secundum verò simile huic, diliges Proximum tuum, &c.*

D'abord M. R. ne dit pas un mot du premier, qui regarde Dieu ; il ne do-

opposé à l'Homme physique. 59

voit même en rien dire, ne pouvant dans son sistême fonder l'amour de Dieu sur la pitié. Dieu ne peut qu'avoir pitié de nous, & jamais nous faire pitié, si ce n'est comme homme sur la croix. Ainsi donc, & en vertu de sa pitié pour nous, M. R. lui auroit commandé de nous aimer. Il n'établit donc cette filiation de pitié & d'amour ou de charité, que d'homme à homme, d'animal à animal, ou même d'animal à homme, & d'homme à animal. La pitié même de M. R. ne va pas jusqu'à l'amour & à la charité envers le Prochain.

Quoi qu'il en soit, M. R. dit que c'est la pitié „ qui au lieu de cette maxime „ sublime de justice raisonnée, fais à „ autrui comme tu veux qu'on te fasse, „ inspire à tous les hommes cette autre „ maxime de bonté naturelle, bien „ moins parfaite, mais plus utile peut-„ être que la précédente, fais ton bien „ avec le moindre mal d'autrui qu'il est „ possible. "

Je ne puis m'en taire, M. R. voilà des excès terribles. Vous osez substituer vos maximes à celles de Dieu même & de la raison & de la nature, autant que de la foi. Vous traitez de *maxime sublime* la plus simple maxime & la premiere du Christianisme, du Paganisme même, & de la premiere humanité, vous la traitez de *maxime de justice raisonnée*. On voit bien que vous n'écartez les Jurisconsultes & les Moralistes, que manque de les connoître & de connoître les plus simples maximes du droit des gens, des Nations, des hommes en général. Vous sçauriez, si vous les connoissiez, que la Jurisprudence & la Morale, comme la Théologie distinguent les devoirs de justice, des devoirs de charité, & que vous péchez ici contre les premiers principes, encore traitez-vous cela de *justice raisonnée* & de *maximes sublimes*.

Or, en traitant les deux premiers Commandemens de Dieu de *sublimes*, quoiqu'ils ne le soient que pour la nature corrompue, vous insinuez fortement qu'ils sont impraticables & du reste inutiles, puisque la maxime que vous osez lui opposer, vous la traitez de moins parfaite, *mais plus utile peut-être que la précédente*. Vous tendez des piéges à la charité, en la mettant à un si haut prix. Je suis, Monsieur, votre, &c.

XL. LETTRE.

Mais voyons M. votre maxime en elle-même : j'ai peur que vous ne prêchiez les mauvaises mœurs. Vous mettez d'abord en premiere loi, le bien propre que chacun, non pas se doit faire, mais se veut à lui-même, fût-ce aux depens d'autrui. *Fais ton bien*, dites-vous, c'est le *rem rem* d'Horace, *si possis rectè, si non, quocumque modo rem*. Fais ton bien avant tout, tout ce qui le paroît, fut-il le mal d'autrui ; seulement ne lui fais pas de mal plus que ton bien ne le demande, fais lui du mal le moins que tu pourras ; c'est-à-dire, à proportion de la pitié seule que tu pourras avoir de lui.

Car la pitié est la seule régle de charité, de justice même que M. R. donne ici à l'humanité naissante & primitive, & cette pitié n'est selon lui que machinale & pis qu'animale, purement brute, physique & sensitive. Qu'on juge si elle peut avoir lieu dans les momens, où l'intérêt propre nous fait avec âpreté courir à notre propre bien, sans autre discernement de l'intérêt d'autrui.

On dit communément que quelqu'un qui est bien à son aise, n'a guéres pitié des malheureux, n'y pense guéres, ne conçoit pas même qu'on puisse être malheureux. Beaucoup moins est-on sensible à cette pitié, lorsqu'on est dans la poursuite actuelle du bien, qu'on pense uniquement à se faire à soi-même? Vous le permettez, Seigneur, que ces prétendus Philosophes, qui touchent à vos œuvres en esprit de Critique & de Déisme tout pur, tombent dans des passions d'ignominie, dans des miseres de raisonnemens à faire eux-mêmes pitié aux plus vulgaires esprits.

Pitié d'esprit pour la plûpart des spectateurs, mais pitié de cœur, de charité, d'amitié, de Religion pour quelqu'un comme moi, qui voudrois bien rendre salutaire à M. R. la petite ignominie à quoi Dieu le livre ici, non en vérité pour le perdre, mais si je le puis & si Dieu m'y aide efficacement, pour le convertir, le guérir & le sauver.

Allons, M. R. mon cher M. R. un

peu de vraie Philosophie Chrétienne, un peu de courage encore. Vous ne finissez pas, je n'ai donc pas tout dit. Je ne veux que vos paroles pour vous en faire rougir salutairement, pour vous en faire demander pardon à Dieu, au Roi & aux François, à *jamais deshonorés* par vous, s'il étoit dit qu'en France on vient de Genève pour prêcher tout cela impunément.

Votre sauvage, dites-vous, est tel que „ *toute femme est bonne pour lui*, „ que chacun y attend l'impulsion de „ la nature, s'y livre sans choix, &c. Ceux qui en ont voulu à M. R. & qui vouloient l'empêcher d'imprimer, se seroient moins bien vengés de lui, qu'en le laissant les venger lui-même. Je crois que c'est un service qu'ils ont rendu à la Religion, à l'Etat, aux Arts, aux Sciences, à la Société, à l'humanité, en lui laissant prêter sa plume à tous les esprits mécréans & dyscoles de l'Univers.

Il se réfute, il les réfute lui-même en exposant au grand jour ce tas d'horreurs, d'inepties, de misères qui se couvroient de fleurs & de mille beaux semblans sous les mains de nos beaux

Esprits, les Bayles, les ceci & les cela. M. R. est peut-être le seul qui ait pû dire tout cela sans rougir jusqu'ici.

J'exhorte les bons amis de M. R. s'il en a, d'en rougir salutairement pour lui & pour eux : s'ils sont François & *Chrétiens originaires*, je crois qu'ils n'ont pas besoin d'y être exhortés. Le François n'est pas méchant dans le fond. Il ne l'est que jusqu'au petit mot, fin, ingénieux, badin. Il n'a point cette âpreté, cette suite de malice, cette constance de ne rougir de rien. Un mot, une Epigramme, un Vaudeville, il n'en fait pas davantage contre la Religion, le gouvernement ou les mœurs.

„ Le devoir d'une éternelle fidélité,
„ *dit-il*, ne sert qu'à faire des adultè-
„ res, & les loix mêmes de la con-
„ tinence & de l'honneur étendent,
„ nécessairement la débauche, & mul-
„ tiplient les avortemens. Voilà constamment comme il argumente contre de bien par le mal qui arrive de son inobservation. La force de son raisonnement consiste en ce qu'il n'y auroit point de mal s'il n'y avoit point de bien ; & c'est le bien qui a tort, selon lui,

lui, de tout le mal qui arrive dans ce monde. C'est-à-dire que si tout étoit mal il n'y auroit point de mal, & le mal au contraire seroit alors la cause du bien.

Il y a à cela une sorte de vrai sophistique & ridicule que je me contente de traiter de puérilité & de foiblesse d'Esprit prétendu fort. C'est comme si on rendoit la régle responsable de l'obliquité ou de la tortuosité d'une ligne droite, le compas responsable de l'inégalité des rayons d'un cercle mal fait, la justice des injustices qui arrivent, les gens d'esprit responsables des sots, la vertu du vice, le Paradis de l'enfer, & Dieu même de tout le mal de cet Univers. Ce n'est que trop la façon sophistique de nos Philosophes Esprits forts, Déistes & Raisonneurs. Ils s'en prennent réellement à Dieu, qui a tout prévû & tout créé, de leurs propres vices & de leurs malheurs. Et réellement s'il n'y avoit point de Dieu, ou que Dieu fût un Dieu méchant & vicieux, il n'y auroit ni vice ni méchanceté, n'y ayant personne pour l'en convaincre ou l'en punir.

Constamment tous les raisonnemens

qui se font en tout tems contre Dieu & sa Providence, sont des sophismes pareils, tout aussi faciles à convaincre de foiblesse & de puérilité. Leurs Auteurs s'appellent pourtant sans façon eux-mêmes des Philosophes, de beaux Esprits, des Esprits forts.

M. R. confond la voie de fait avec la voie de droit. Parce que nous sommes en société, tous nos vices, quoique contraires à la société & proscrits par elle, sont, selon lui, les vices de la société, dont la société est cause, & qui n'arriveroient pas, prétend il si nous n'étions pas en société. Je suis, M. R. malgré cela, votre, &c.

XII. LETTRE.

Monsieur, vous prouveriez tout aussi-bien qu'une chambre est la cause morale & physique des crimes qui s'y commettent, sur-tout lorsqu'on ne les y commet que parce qu'on s'y sent à l'abri des témoins que l'on a voulu éviter en s'y renfermant. Communément on cherche la solitude, & l'on se dérobe avec soin aux yeux de la société, lorsqu'on veut se livrer au vol, à l'homicide & aux autres passions de la nature corrompue. Qui doute, selon votre belle façon d'argumenter, que la société n'en soit complice par là même qu'elle ne l'est pas.

C'est ainsi que les Arts, les Lettres & les Sciences pervertissent, selon lui, les Sçavans, les Artistes & les Littérateurs. Le bien est toûjours chez lui la cause du mal; ce qui seroit bien, s'il vouloit dire que le bien rend le mal plus inexcusable. Car du reste, *omnis peccans ignorans*, est une maxime d'éternelle vérité. Non, dit M. R. c'est la science & non l'ignorance qui fait tout le mal de l'Univers. Erasme, je crois, pour badiner, fit l'éloge de la folie. M. R. est l'Apologiste de la bêtise. Un autre Rousseau plus fameux a dit pourtant que *tout vice est issu d'ânerie*.

Je suis surpris qu'à tout propos M. R. ne cite pas le *nitimur in vetitum*, qui est fort vrai dans son bon sens historique & de fait, mais n'empêche pas & ne doit pas empêcher Dieu & les Législateurs, de défendre ceci & cela. C'est Saint Paul & non M. R. qui raisonne juste sur les désordres que la loi, soit de Dieu, soit des hommes ne laisse pas en un sens d'occasionner ou de dévoiler & de faire éclater, sans les causer, en empêchant leur fréquence & leur prescription contre l'ordre & le vrai primitif de tout bien. Sans la loi, sans la société, sans les arts, sans la science, nous ne serions pas moins désordonnés & vicieux ; nous le serions même évidemment davantage, nous serions barbares, féroces, sauvages, brutaux, purs animaux, pures bêtes brutes.

M. R. en convient assez, mais c'est justement là la fin de son système. Il n'y auroit plus alors de mal, tout étant mal, & la pure bête n'étant plus responsable de sa bêtise, qui n'auroit plus que du physique & rien de moral, d'humain, de théologique & de divin, plus de devoirs, plus de mœurs, plus de relations, plus rien de bon, c'est-à-dire, de mauvais : car voilà le propre système de M. R. bien détaillé & bien énoncé : selon lui, le bien est mal & le mal est bien ; *dicentes bonum, malum*, &c.

Jusques-là, ce n'est que la première partie du discours de M. R. Il vient à

opposé à l'Homme physique. 69

la seconde partie, page 69. Il la commence par ces mots „ Celui qui ayant
„ enclos un terrein, s'avisa de dire,
„ ceci est à moi, & trouva des gens
„ assez simples pour le croire, fut le
„ vrai fondateur de la société civile.
„ Que de crimes, que de guerres, que
„ de meurtres, de miseres & d'hor-
„ reurs, n'eût point épargné au genre
„ humain, celui, qui, arrachant les
„ pieux, ou comblant le fossé eût crié
„ à ses semblables, gardez-vous d'é-
„ couter cet imposteur: vous êtes perdus,
„ si vous oubliez que les fruits sont à
„ tous, & que la terre n'est à per-
„ sonne ! "

M. R. veut-il donc éternellement être le seul Savant, avec ses systêmes d'imagination ? veut-il nous faire oublier toute notre science d'histoire & de fait, & d'une histoire sacrée & toute divine, qu'il contrarie avec trop d'indécence, manque, je veux le croire, de la sçavoir, ce qui l'excuse jusqu'à un certain point ? Positivement Dieu dit à Adam & à Eve en société, en les bénissant, „ *Crescite & multiplicamini,*
„ *& replete terram, & subjicite eam,*
„ *& dominamini piscibus maris & vola-*

« tilibus Cæli & universis animantibus » quæ moventur super terram. Dixit- » que Deus, ecce dedi vobis omnem her- » bam & universa ligna, &c. » Et après le déluge, il répéte tout cela à peu-près dans les mêmes termes à Noé & à ses enfans, en les bénissant, « Crescite & » multiplicamini, & replete terram.... » Et terror vester ac tremor sit..... Om- » nes pisces maris manui tuæ traditi » sunt.... Quasi olera virentia, tradidi » vobis omnia, &c. »

Il est étonnant après ces paroles de Dieu même, que M. R. ose dire que les fruits sont à tous, & que la terre n'est à personne. Est-il de donnation plus expresse que celle de Dieu à Adam, à Noé & à ses enfans ? Il est vrai que M. R. ne dit pas un mot de Dieu dans tout ceci. Il représente toûjours la terre & ses fruits, comme étant là de hazard, ou par le simple acte physique d'une nature méchanique & matérielle; & les hommes, de même, comme les fruits naturels, & les productions physiques d'une même nature, je ne sais quelle, sans autre droit d'y être que parce qu'ils y sont, n'examinant, ni d'où ils viennent, ni où ils vont, ni pourquoi

opposé à l'Homme physique. 71

ils passent par là. Je ne puis me dispenser de dire à M. R. qu'il a bien tort de si fort méconnoître Dieu dans ses plus beaux ouvrages & de prendre & de soutenir ce ton de Législateur despotique & absolu, comme si toute la nature étoit en sa disposition.

Et qu'a-t-on à faire de toutes ses hypothèses fantasques ou fantastiques, tandis que nous avons l'histoire de tout cela dans nos mains & à tous momens sous nos yeux ? Car on ne nourrit que de cela tous nos enfans, & M. R. ne sait pas qu'en France, dans les Colléges, dans les Couvents, dans les Maisons Bourgeoises mêmes, nulle éducation régulière ne va sans cela, sans parler des Catéchismes, des Prônes, des Sermons, où tout cela est sans cesse rebattu ; à Genève même, je suis persuadé que tout cela va en régle. Mais M. R. nous apprend qu'une jeunesse imprudente, ne lui a laissé apprendre que Plutarque, Tacite ou Grotius, dont encore ne fait-il nul cas.

Pour le moins, dans l'Arche, Noé vivoit en société avec ses enfans, sa femme & les leurs, au nombre de huit personnes bien unies de cœur, d'esprit de mœurs & de religion. On sort de l'Arche, les enfans se multiplient, l'ordre de se disperser & de remplir la terre arrive: Noé le leur intime. A Sem, il donne l'Orient & l'Asie, à Japhet, l'Europe ou l'Occident, laissant à Cham l'Afrique, par voie de concession, plutôt que de donation, à cause de la malédiction tombée immédiatement sur Chanaan, & indirectement sur son pere, ses freres, &c.

Jusques-là, la société persevere, s'accroit au nombre de cent, de quatre cens mille hommes, & peut-être d'un ou deux millions, sans que ces hommes déja un peu pervers pensent trop à rompre leur société primitive. Peut-être s'y résolvent-ils, au moins les plus pieux, les plus obéïssans à leur pere commun Noé & à Dieu, qui les multiplioit à force, pour les y forcer.

Pour gagner du tems, Nembrod peut-être, & les plus déterminés des Chamites mal partagés & réfractaires à la dispersion, proposent de faire & font une Ville immense, Babylone & une Tour, sous le beau prétexte de se rendre célèbres à la postérité. Mais, que fait-on? comme un filet, dans le
quel

opposé à l'Homme physique.

quel ils veulent envahir tout le genre humain.

Dieu n'en aura pas le démenti : il confond tous ces projets ambitieux : il confond les langues, & force toutes ces têtes des Nations à se séparer ; & la société primitive est, au gré de Dieu même, partagée en trois & peut-être en cent & en mille sociétés Nationales, que Dieu veut mener à son but.

Mais Nembrod non plus & ses pareils fils de Chus & petits-fils de Cham n'en veulent point démordre, & tandis que Cham va, pour obéir à Dieu, se perdre en Afrique, Nembrod, grand chasseur & guerrier, s'empare de Babylone, & en frustre Sem ou son descendant Assur, qui va de son côté bâtir & fonder Ninive. C'est Nembrod, c'est Assur, qui en disant, *ceci est à moi*, fondent les deux premiers Empires, selon les Auteurs Profanes mêmes, Troque Pompée, Justin, &c. mais non la première ou les premieres sociétés.

De sorte que c'est la société, l'association unanime des hommes, qui a fait Babylone, & toutes les Villes primitives, & non Babylone ni aucune autre qui ont fait la société, quoi qu'en

dife M. R. dont je suis le très-humble,
&c.

XIII. LETTRE.

Monsieur, je cherche en vous réfutant à vous excuser de toute façon, de mon mieux au moins ; & s'il le faut, j'aime mieux rejetter sur un défaut d'esprit ce que d'autres rejetteroient sur l'excès de votre cœur. La Servante de la Fontaine disoit bien de son maître mourant qu'il étoit plus bête que méchant. Au talent près de gracieux naïf de la Fontaine, je crois que dans votre naïveté un peu farouche, vous lui ressemblez beaucoup. Si vous étiez méchant vous seriez plus fin & plus adroit à nous répéter, à nous dire au moins que „ le premier senti-
„ ment qui porta Adam à multiplier
„ son espéce fut un sentiment aveugle,
„ dépourvû de tout sentiment du cœur,
„ ne produisant qu'un acte purement
„ animal. " Vous ajoutez que „ le be-
„ soin satisfait, les deux sexes ne se
„ reconnoissoient plus, & l'enfant
„ même n'étoit plus rien à sa mere, si

opposé à l'Homme physique.

„ tôt qu'il pouvoit se passer d'elle. "
Quelle horreur ! quelle horreur !

Vous faites donc d'Adam ou de tel autre homme pareil un homme *sans sentiment*, ou, ce qui va au même, d'un *sentiment aveugle & purement animal*. Et quand je dis Adam, les deux sexes peuvent vous tenir compte des beaux sentimens ou non sentimens que vous leur prêtez ou ne leur prêtez pas. Vous ne vous lassez pas d'insulter cette pauvre humanité, image de Dieu pourtant.

J'observe que ce que vous traitez d'*acte purement animal*, l'Ecriture le qualifie d'acte spirituel, de connoissance enfin. *Adam verò cognovit uxorem suam Evam.* L'Ecriture Sainte toûjours décente & respectueuse pour nous-mêmes, nous caractérise toûjours *à nobiliori parte*, comme disent des Philosophes, qui n'en sont pas plus méprisables, parce que vous les méprisez.

On croiroit, M. qu'à force de nous faire rougir des avilissemens où vous nous ravalez, vous voudriez nous faire perdre l'habitude naturelle de rougir de tout cela; vous vous trompez, & c'est à moi spécialement de vous dé-

G ij

tromper. Car n'aimant ni a réfuter ni à critiquer, vous êtes peut-être le premier & le seul, avec qui je ne rougisse pas d'une critique & d'une réfutation, à visage découvert.

De tous ceux qui se mêlent de Philosophie, de Géométrie, de Physique même dans ce siécle, où les grands Philosophes, Physiciens & Géométres ne manquent pas, je me suis regardé, je vous l'avoüe, comme le plus directement attaqué par vos hommes brutes, bêtes & animaux physiques. J'aime l'esprit, je ne le dissimule pas : si j'étois capable d'hérésie, je serois bien plutôt Malebranche que Spinosa. Vous tournez tant que vous pouvez la spiritualité en matérialisme, je tournerois au contraire le matérialisme en spiritualité.

Je conçois assez, je crois du moins très-bien la création, telle qu'elle est & que Moyse nous la donne : mais je dois vous dire, que j'ai peut-être moins de peine à concevoir la création des esprits que celle des corps. Le Créateur n'est-il pas tout esprit ? Or il n'est corps en rien. Pour créer l'homme ou le produire, il en a pris la matière déja

opposé à l'Homme physique. 77

toute créée dans le limon de la terre; mais l'esprit il ne l'a pris que dans lui-même, dans son souffle; & pour le moins le corps n'ayant été qu'une formation, *formavit*, l'esprit a été d'une toute nouvelle & pure création, une inspiration, *& inspiravit*. C'est ma façon, je ne perds pas un mot de l'Ecriture Sainte, pas une syllable, pas une circonstance. Elle n'en dit point trop, mais elle en dit assez, elle a prévû mes besoins présens d'esprit avec vous.

Enfin nous sommes *corps* dont je rougis, *& esprit*, dont me voilà tout fier, & fier, je le répéte, vis-à-vis de vous, & de vos hommes bêtes & presque tous matiere. Or l'esprit, vous me l'avoüerez tout au moins, est la plus noble partie de moi-même & de nous-mêmes; car vous en avez, & même beaucoup, quoique vous n'en fassiez pas semblant, si ce n'est peut-être en ce que vous voudriez en avoir tout seul ou au moins plus que nous tous, savans & Artistes, Professeurs & Académiciens.

Je veux vous dire sur tout ce que vous savez, je crois, que comme votre Philosophie ramène tout au pur physi-

G iij

que, matériel & tout au plus animal; ma Physique au contraire ramène tout au moral, spirituel, théologique même. Oüi, Descartes, Newton sur-tout, sont tous corpusculaires & matérialistes dans la Physique, ce que je ne condamne pas, leur Physique étant celle de tous les tems, & l'Eglise même ne la blâmant point par-là.

Or vous savez que cette Physique même je l'ai dès mon premier Ouvrage du *Traité de la Pesanteur* en 1724. affranchie à moitié du regne de la matiere, & que j'ai associé le moralisme & la liberté même que vous aimez tant, au méchanisme, & la légéreté comme spirituelle à la pesanteur brute des corps; jusqu'à démontrer, depuis peu, que cette légéreté étoit la vraie & l'unique cause physique de cette pesanteur. En un mot, j'ai introduit avec distinction le moralisme dans le pur physique, & vous vous efforcez d'introduire le pur physique dans le pur moralisme, jusqu'à en étouffer totalement celui-ci. Vous voilà donc mon aggresseur, & je ne fais que me défendre contre vous ou de vous.

L'homme tel qu'il est, est le propre

opposé à l'Homme physique. 79

regne du moralisme & de la liberté. Laissez-moi ce champ de bataille-là au moins, sauf à moi, je ne le cache pas, d'en faire le champ de bataille du monde même le plus physique, le plus méchanique, le plus matériel. Si faut-il un homme pour remonter la machine à laquelle vous ne faites que l'asservir si indécemment. Vos prétentions sont terribles, les miennes sont grandes; non, je ne m'en cache pas.

Le fougueux Langely, qui de sang altéré,

Maître du monde entier, s'y trouve trop serré.

Je l'ai presque dit, ce fougueux Langely, c'est moi. Mais il n'y a point de fougue à cela. Je n'ai que le cœur, je n'ai que l'ambition d'un homme, en société du reste de tous les hommes. Car Alexandre vouloit être seul maître du monde entier, & moi je ne veux l'être qu'en société de tous les hommes, & de Dieu même, & sur-tout, sans vous exclure vous-même; M. d'une si belle société.

G iiij

Au besoin je ne craindrois pas, M. tous vos Philosophes physiques ou Physiciens, qui voudroient me nier, que le monde entier, fait pour Dieu, est fait aussi pour l'homme, l'Homme-Dieu, ajoûterois-je tout de suite, fiérement pour lui, modestement pour moi, & pour vous-même qui étant fils & frere de cet Homme-Dieu, entrez, si vous le voulez, en part de sa gloire & de ses intérêts.

J'aime à finir cette Lettre par un point de vûe si grand, si noble & si consolant. Je suis donc, M. comme vous voyez noblement, votre très-humble, &c.

XIV. LETTRE.

Vous avez beau, M. crier contre la réflexion & la méditation. Il faut que vous soyez long-tems aguerri ou aigri contre le genre humain, &, en vrai misantrope, contre vous-même par conséquent, ou que vous soyez né bien antipathique avec l'humanité qui est en vous-même, quoiqu'elle y soit pourtant la propre image la plus

opposé à *l'Homme physique*. 81
ressemblante de Dieu & de la Divinité.

Si avant que d'y être, vous aviez pû décider de votre sort dans ce monde, vous auriez voulu naître à Genève, quoique vous nous ayez averti que vous ne vouliez point y vivre ni y mourir. Ce n'est pas le seul point de contradiction à concilier dans votre Systême. Mais je gagerois bien, à vous voir de si mauvaise humeur contre l'humanité, que, si vous en aviez été le maître, vous n'auriez pas voulu naître homme, mais, &c. La liberté à laquelle vous aspirez, est bien grande, & bien rétroactive à votre naissance & à votre Etre même.

Aucun mot vil ou méchant contre ces pauvres hommes, vos peres & meres, freres & citoyens pourtant, ne vous échappe; & vous nous les peignez isolés d'abord parmi les bêtes, & puis vivans peu à peu & à la longue en *troupeaux*, préludans de loin à la société civile & politique, où vous les menez lentement & de loin à loin.

Il faut tout dire, l'origine des Langues & l'invention de la parole, est pour vous le rocher de Sysiphe ou la roüe d'Ixion, le tonneau même des

Danaïdes, que vous ne pouvez jamais combler ou fixer. Vous voilà bien embarrassé. Voici comment je m'en tirerois à votre place. Quand Dieu vit Adam après l'avoir fait, Dieu dit équivalemment : *Voilà une belle image, un beau tableau, une belle statue, il n'y manque que la parole. Il fit donc Eve, & dès-lors Adam parla.* C'est le fait, *hoc nunc os ex, &c.* & devant tous les connoisseurs Eve fut l'organe naturel de la parole passive & active, répassive & réactive d'Adam. C'est toûjours de nos mœurs humaines, qu'il faut tirer de pareilles conjectures, sur les hommes naturels, originaires & primitifs.

C'est bien M. R. qui se tire de cette grande difficulté des Langues par un coup de théatre, par le *Deus in machinâ*, lui qui vouloit que l'enfant au maillot fût l'inventeur de la parole & de toutes les Langues de l'Univers : car chaque enfant auroit fait sa langue, sans doute, comme chaque terroir produit ses fruits, ses animaux & ses hommes par conséquent, selon Diodore & les Grecs, qui ne nous parlent que d'hommes *aborigenes*.

Enfin, enfin, *parturient montes*, les

opposé à l'Homme physique. 83

Inventeurs des Langues sont un troupeau ou une troupe d'hommes & femmes déja rassemblés en société, qui habitant sur une langue de terre avancée dans la mer, se sont vûs tout d'un coup, par un tremblement de terre ou autre évènement pareil, détachés du continent où ils n'ont pû se faire entendre désormais que par des porte-voix, sans doute, ou par des lettres & des courriers, des *paquebots*. Et voilà les Langues inventées à jamais, quoiqu'un peu tard. Mais il vaut mieux tard que jamais, dit-on.

Oüi, il a fallu un coup de tonnerre, un ébranlement de la Machine du Monde pour apprendre à un enfant à dire *maman*, *papa*, & aux hommes à épeler *ba*, *be*, *bi*, *bo*, *bu*. Et voilà, dit M. R. en termes clairs, comment „ des Insulaires ont porté parmi nous „ l'usage de la parole. Il est très-vrai- „ semblable, *ajoûte-t-il*, que la socié- „ té & les Langues ont pris naissance „ dans les Isles, & s'y sont perfection- „ nées avant que d'être communes „ dans le continent. Est-ce de la Physique cela?

Il est heureux que nos Philosophes,

émules du Créateur, ne trouvant rien de vrai dans l'Ecriture Sainte trouvent de telles bagatelles d'histoire fictive & systématique ou hypostatique, *très-vraisemblables*. C'est bien là qu'on peut dire avec Virgile :

Qui bavium non odit, amet tua carmina mævi.

Et voilà à peu-près, pour que le Public ne l'ignore, les grands progrès qu'a faits de nos jours depuis Descartes la Philosophie & le raisonnement humain, la Logique & la Dialectique, sans parler de la Métaphysique & de la Physique. Ce n'étoit pas la peine de sacrifier Aristote à Descartes & Descartes à Newton pour aboutir à une telle force d'esprit. Mon unique but ici est de mettre le Public en garde contre une petite troupe de pareils Philosophes raisonneurs. Or je ne confonds pas Aristote, Descartes, ni même Newton avec ces espéces-là, & plût à Dieu les consultât-on un peu plus, sur-tout Descartes, dont la méthode est admirable, & la Physique merveilleuse ; au lieu que Newton n'est que la qualité occulte de l'esprit humain.

Après tant de discours perdus M. R.

opposé à l'Homme physique.

trouve enfin la source de l'inégalité des conditions dans „ celui qui chante ou „ qui danse le mieux, qui est le plus „ beau, le plus fort, le plus adroit, le „ plus éloquent, en un mot qui est le „ plus considéré, & ce fut-là le pre- „ mier pas vers l'inégalité, & vers le „ vice par conséquent, " dit M. R. sans qu'on puisse s'y méprendre ni penser qu'un autre l'ait dit, sur-tout le bel Epiphoneme par-où il finit. Or il n'a-voit qu'à dire cela d'abord, & tout étoit dit sans autre Dissertation. Mais il vou-loit disserter, & dire, dire, parler & parler sans fin & sans cesse, croyant sans doute que dire & parler c'est rai-sonner & philosopher.

Qui doute que l'inégalité des condi-tions ne soit fondée d'abord sur la quali-té de pere, de mere, ou d'enfans, en-suite sur celle d'aîné ou de cadet, & puis encore sur la diversité des talens. Dieu même & Samuel son Prophête font observer aux Juifs que celui qu'il leur donne pour Roi, surpasse les plus grands du Peuple de toute la tête & que c'est d'ailleurs un bon caractére d'homme. Effectivement Saül avoit de quoi faire un bon & un grand Roi. Il le fut même deux ans, tandis qu'il fut soûmis aux ordres de Dieu & à la direction du Prophète, & qu'il ne porta pas la main à l'encenfoir, &c.

Pourquoi donc, si l'inégalité est fondée sur les talens mêmes, inégaux & divers, que Dieu seul donne à ceux qu'il veut rendre inégaux & divers de condition, pourquoi prétendre par une conséquence *identique*, que l'inégalité est vicieuse & le vice même. Il ne peut jamais y avoir que le mauvais usage ou l'abus de ces talens naturels, qui soit vicieux : & de même la société qui est bonne par elle-même, & d'institution naturelle & divine, ne peut jamais être mauvaise que par les abus. Un fruit est bon, mais si on le laisse trop sur l'arbre ou si on l'en détache trop tôt, il n'y a qu'à dire que c'est l'arbre qui le pourrit ou le gâte, & que sa production & sa maturité fut le premier ou le dernier pas vers sa récolte & vers sa pourriture & sa corruption par conséquent.

Quand on attaque ainsi tout l'Univers, Dieu & les hommes, si faudroit-il se piquer de raisonner plus philosophiquement avec plus de raison & de justesse. Je suis, M. votre, &c.

XV. LETTRE.

ENfin, à la page 84. vous adoptez ouvertement, M. la vie sauvage ou des sauvages, telle que nous la connoissons, & désormais vos hypothèses porteront au moins sur un état de réalité, sur des hommes même moraux, nos pareils & nos freres, après tout, & j'aurai moins à vous deviner. C'est de ces sauvages, que vous dites avec complaisance que ,, le genre humain
,, étoit fait pour y rester toûjours
,, & que cet état est la vraie jeunesse
,, du monde, & que tous les pro-
,, grès ultérieurs ont été en apparence
,, autant de pas vers la perfection de
,, l'individu, & en effet, vers la décré-
,, pitude de l'espéce. "

Mon Dieu, que M. R. est loin de toutes les saintes idées de l'humanité ! Les Poëtes mêmes se plaisent à nous donner les plus brillantes idées, les peintures les plus riantes, les plus nobles sentimens de la jeunesse du monde; c'étoit l'âge d'or, c'étoit un printems perpétuel, c'étoit Saturne & Astrée, c'étoient des Bergers, c'étoit la Foi, la Justice qui habitoient la terre: encore la terre étoit-elle un beau jardin, le jardin des Hespérides, dont tous les fruits étoient des pommes d'or.

Tout cela fait, comme on voit, allusion au jardin des délices, à Adam & à Eve innocens, en un mot, aux vrais premiers hommes, & à la vraie premiere société. Au sortir de l'Arche, les hommes en société n'étoient encore que trop bien dans les belles plaines de Sennaar, aussi étoit-ce encore peut-être le siécle d'or. Mais le siécle de fer lui même, n'a pas commencé par des sauvages, qui sont pourtant tout ce que M. R. trouve de plus beau dans la jeunesse du monde, passée sans doute, selon lui, dans les forêts du Canada, de la Sibérie ou du Groenland.

Je plains M. R. d'avoir un si mauvais goût, goût d'amertume, de critique, de satyre & de détérioration de toutes choses ; constamment, il prend l'envers & le revers de tout ; il prend par-tout le bien pour le mal & le mal pour le bien ; le bien l'attriste, le mal le réjouit. *Dicentes bonum malum*, encore

opposé à l'Homme physique.

core une fois ; & encore une fois, *qui Bavium non odit*, &c.

Ah, M. R. que je vous plains ! où avez-vous donc pris ce ton triste & atrabilaire depuis dix ou douze ans que je n'ai eu l'honneur de vous voir ? Vous me paroissiez une assez bonne personne dans ce temps-là. Il faut que l'air frivole, gai & badin, mais fin & ingénieux, non méchant du reste, quoiqu'un peu malin de nos François de Caffé ou de Parterre, auquel vous n'avez pû monter votre sérieux helvétique, vous ait cabré. Vous avez voulu avoir aussi de l'esprit, & vous en avez sûrement beaucoup ; mais vous n'avez pû prendre cette légéreté, cet effort. Là où il ne faut qu'un mot tranchant, vous avez voulu mettre un raisonnement concluant ; vous avez fait un livre en réponse d'une épigramme ; & pour vous défendre d'un seul, vous nous attaquez tous. Un François est pour vous la France toute entière, & d'une misérable dispute de mots, vous avez fait une querelle de Religion, de Morale & même de Politique.

Sans tant raisonner, il est positivement faux, que la vie sauvage des Hurons ou des Iroquois, soit la jeunesse du monde & le beau de la nature humaine ; faux que notre vie civile, policée, politique, scientifique, artiste & religieuse, en soit la décrépitude. Si les Grecs ou les Romains, les François mêmes, comme Grecs, Romains ou François, ont commencé par une sorte de vie sauvage, barbare & indisciplinée avant Cecrops, Romulus ou Clovis, c'étoit une vie errante, à laquelle leur transmigration d'Asie en Europe, d'après la dispersion de Babel les avoit reduits.

Les Hurons eux-mêmes, Algonquins, Tunguses, Cafres, Sibérites, Kamtchatkois, Samoïedes, Amériquains, Afriquains, Asiatiques ou Européens avoient commencé par être des peuples, des hommes sociables en Eve & Adam, & en Noé. Sem, Cham & Japhet avant & après le déluge, hommes trop sociables même, n'étant que trop, selon les propres termes des Archives du genre humain, *unus populus & unum labium omnibus*, n'ayant que trop une unanimité d'ouvrages, d'arts, de science, de volonté, de dessein, de cœur & d'esprit, de loix même & de religion.

Il en coûte à M. R. pour former une petite société de Nation, de Province, ou de Ville, d'Isle même, & d'un simple canton Grison, Suisse ou Genévois. Or, dans le vrai, la société a commencé par être celle de toutes les Nations, & du genre humain tout entier, soit à Henochia, avant le déluge, soit à Babylone, après le déluge ; & il en a en quelque sorte coûté à Dieu, un miracle au moins, pour rompre cette société trop vaste & trop unanime en autant de sociétés, qu'il y avoit de Chefs de grandes Nations.

Que M. R. lise donc les livres, avant que de faire des livres, & qu'il soit au moins savant, & érudit, avant que de raisonner, philosopher & dogmatiser. Il raisonne, il philosophe à vuide, lorsqu'il le fait sur des idées d'imagination, sans aucune connoissance de ce qu'on appelle *la positive*, l'histoire, les faits. Le monde ne s'est pas fait tout à l'heure, & le Créateur seul a pû le deviner, avant que de le voir : encore le voyoit-il en lui-même de toute éternité.

A coup sûr, tous ces prétendus Philosophes qui infestent les sciences & la religion, sont communément gens qui ne savent rien, & qui veulent pourtant faire un personnage dans la littérature & parmi les savans & à leurs dépens, sans avoir jamais eux-mêmes rien appris ni étudié.

Il n'y faut pas même grande science, lecture ni étude, mais un peu de foi, de bonne foi, de docilité, de modestie, de pureté de cœur & d'intention pour lire, ne fût-ce que le dixiéme Chapitre de la Genése, avec le neuviéme qui précede & le onziéme qui suit tout au plus, & y voir les divisions & sous-divisions, branches & rameaux généalogiques de la grande famille de Noé, toutes les têtes des Nations d'aujourd'hui, tous les Chefs & sous-Chefs numérotés, étiquetés, caractérisés.

C'est bien la faute de l'Histoire profane, si elle est aussi pleine de faussetés, de fables, d'incertitude & de lacunes qu'elle l'est communément. L'Histoire Sainte a mené celle des hommes en général, jusqu'aux Grecs & aux Romains inclusivement; pour le moins, nulle Histoire n'a droit de s'égaler à celle-ci, beaucoup moins de s'élever au-dessus, par une frivolité de style

opposé à l'Homme physique. 903
puriste ou grammatical.

On parle de chronologie & de généalogie. Qu'on trouve une généalogie chronologique qui égale celle d'Adam jusqu'à Noé, de Noé jusqu'à Abraham, d'Abraham jusqu'à Juda, de Juda jusqu'à Jesus-Christ, & depuis Jesus-Christ même, de Vicaire en Vicaire, jusqu'à celui qui est le Chef actuel de l'Eglise Romaine. De pere en fils, de successeur en successeur, nous pouvons compter, nommer, désigner, caractériser les Chefs de l'Eglise, de la Religion, de la Foi dans tous les tems, depuis Adam jusqu'à nous ; cela seul en démontre la légitimité, la vérité.

Depuis Luther ou Calvin, c'est-à-dire, depuis deux cens ans, M. R. seroit bien embarrassé à nous donner les dates & les époques des Chefs de sa Religion protestante, & beaucoup moins de ses hommes sauvages & brutes en société, ou non en société. Je suis M. R. puisque vous me donnez lieu de dire de si bonnes choses, je suis M. de cœur & d'esprit, avec toute sorte d'amitié, d'estime même, votre très-humble, &c.

XVI. LETTRE.

Pourquoi en tant vouloir aux Mécréans de toutes les sortes, aux Critiques, aux Satyriques, qui mettent les vrais Savans, les vrais Chrétiens, les honnêtes gens en occasion, en nécessité d'étaler leur science, leur foi, ou leur bon esprit en de beaux groupes de lumiere, où le contraste de mille traits d'ignorance ou d'erreur étrangére, fait un tableau d'honneur & de gloire, aux yeux du public ?

Je remercie M. R. de la meilleure foi du monde, de m'avoir fourni l'occasion de le réfuter. Je ne puis lui en vouloir aucun mal; au contraire, je lui veux un grand bien. Je voudrois le convertir, ai-je dit, je n'en suis pas digne. Je prie tous les honnêtes gens, les bons Chrétiens, les Ecclésiastiques sur-tout, de se joindre à moi, d'y faire mieux que moi, de m'y aider au moins de leurs prieres & de leurs vœux : le sujet en vaut la peine : M. R. a beaucoup d'esprit, puisqu'il a tiré tout ce système-là de son esprit.

opposé à l'Homme physique. 95

Il doit l'avoir inventif & créateur. Qu'il l'applique aux arts, aux sciences profanes, où un tel esprit n'est jamais un esprit perdu. Qu'il laisse la Religion, le gouvernement & les mœurs. Il ne les connoît pas, ou, ce qui est pis, il les méconnoît, & est prévenu de mille préjugés contradictoires d'une philosophie plus raisonneuse que raisonnable, ou raisonnée.

M. R. ne dit pas tout ce qu'il pense des Missionnaires Apostoliques, ni des Princes qui s'en servent, pour convertir les Sauvages confiés à leur Religion, autant qu'abandonnés à leur autorité & assujettis à leur empire. Voilà la différence de M. R. obligé de s'en taire, & de dissimuler sa vraie façon de penser de tout cela & de quelqu'un comme moi, qui sans craindre de heurter aucune autorité légitime, ni aucune façon de penser en Chrétien, & en honnête homme, ose bien dire & lui dire hautement, que les Princes Chrétiens & les Missionnaires Ecclésiastiques ou Religieux, qui travaillent à ramener les Sauvages dans le sein de l'Église, dans le Bercail de Saint Pierre, Vicaire de Jesus-Christ, ne travaillent pourtant que pour les retirer de leur vie sauvage, telle que M. R. l'approuve, & pour les enchaîner dans les doux liens de la société ou de l'unité d'association des fidéles Chrétiens unis en communauté de Baptême, de Priéres, de Sacremens, de mœurs, de créance, en un mot, de raison & de foi, ou de Christianisme & d'humanité.

Encore aimai-je mieux convaincre ici M. R. d'une simple ignorance de l'histoire & des faits positifs, que de lui faire un crime d'une erreur volontaire, ou d'un raisonnement de mauvaise foi. Ce nom de Sauvage le trompe ; il a toujours dans l'esprit ses Sauvages fantastiques, semés un à un dans les forêts, parmi des *troupeaux* de bêtes, dont ils ne sont pas les Pasteurs, & qui sont au contraire les leurs, jusqu'à leur donner de l'instinct, pour manger, boire, dormir, & se former même en société. Une ou deux historiettes de deux ou trois prétendus Sauvages solitaires, trouvés dans les forêts de Saxe, de Borneo, de je ne sais où, font ici tout le fonds d'histoire, sur lequel table sans cesse M. R.

Rien

Rien n'est moins vérifié, rien n'est plus apocriphe que ces historiettes-là. Du reste, rien ne ressemble moins à ces Nations, grandes Nations des Sauvages de l'Amérique, fût-ce celles de la Sibérie & du Groenland, que les Sauvages imaginaires de M. R. Pas un nom de Sauvage, Illinois, Missouris, Abenaquis, &c. qui ne forme sa Peuplade, sa Nation, ses Villages, son Corps de société, qui n'ait ses Capitaines, ses Chefs, ses Caciques, ses espéces de Magistrats, ses Loix, ses mœurs du moins & ses usages. Tous ont des propriétés, des communautés, des intérêts particuliers & publics, & en conséquence des guerres avec les Nations voisines ou éloignées, guerres suivies de traités de paix en règle, avec des conventions & des sermens. Prêtres ou Devins, ils ont tous leur forme de Religion, leurs Sacrifices, leurs Priéres.

Il est inutile de dire qu'ils ont le grand lien de la société, la parenté avec la distinction précise & très-sacrée de maris & femmes, peres, meres & enfans, oncles, tantes & cousins, alliés, amis, sans parler de la célébrité des mariages, des naissances, des morts, & puis la grande distinction naturelle des enfans, de la jeunesse & des anciens, dont ceux-ci forment toûjours la tête & le Conseil de la Cabane, du village, de la Peuplade & de la Nation.

Sur quoi je prie M. R. de me permettre une petite digression, en faveur de l'ancienne amitié tendre & intime, qu'on sait bien qu'il y a toûjours depuis trente-trois ans, entre le célèbre Président de Montesquieu & moi, qui me sens trop honoré des marques publiques & peu équivoques que ce grand homme a voulu me donner de cette même amitié, jusqu'à son dernier soupir, dont tout le monde parle, & dont tous les honnêtes gens savent bien, qu'en honnête homme, j'ai droit de parler.

Pour ne rien laisser en suspens ou dans l'équivoque à cet égard, je dois dire que cette amitié ne commença qu'un an ou deux, après l'apparition des Lettres Persannes, qui n'en furent pas même l'époque ni le motif, au moins de ma part. Comme ce n'est pas précisément de bel esprit, de Philosophie ou de Géométrie que je dois piquer, j'aurois craint plus que je n'aurois recherché cette liaison intime avec l'Auteur d'un pareil ouvrage. Mais ce noble, & je puis dire vertueux Auteur, pensant un peu comme moi dans ce moment, faisoit plus de cas de la probité que du bel esprit : & voulant positivement effacer l'impression publique de cet ouvrage, dont il reconnoissoit le danger un peu tard, je puis avoüer qu'il recherchoit par cet endroit-là même, la liaison que je craignois avec lui.

Une Dame fort noble & fort vertueuse, qui vit encore, fut le nœud de la réunion de nos cœurs & presque de nos esprits. Le prétexte en fut l'éducation de M. le Baron de S. qui me fut confiée dans ce moment. J'étois en âge & en place de rendre ce service à l'illustre Président qui me voüa dès-lors la plus tendre amitié sans en exiger d'autre retour, je puis le dire, que la Religion qu'il me pria d'inspirer à son cher fils, m'avoüant que pour lui il sentoit qu'on ne lui avoit pas assez fait connoître le vrai précis de cette Religion purement catholique, dans sa première éducation ; ce qui étoit peut-être un vrai. Mais ma Lettre a atteint sa longueur ordinaire. Je suis, M. votre, &c.

XVII. LETTRE.

Monsieur, à l'occasion de la mort du fameux Président de Montesquieu, & de la part qu'il a bien voulu me donner dans ses derniers sentimens, je vous avoüe que je n'ai pas laissé de composer l'histoire de cette mort & même de sa vie depuis au moins trente-trois ans. Ceux qui ne savent presque rien, de vrai, de tout cela, se pressent d'en parler. Je ne me presse de rien, je les laisse faire. Seulement je les prie de croire que tôt ou tard je pourrai bien leur dire le vrai de tout ce qu'ils s'empressent de débiter sur des présomptions vagues, bien plus que sur des faits personnels. En attendant je dois prendre acte que M. de Montesquieu n'ayant jamais voulu recevoir aucune sorte de compliment de moi sur ses Lettres, & me les ayant constamment comme désavoüées, me pria de lui corriger religieusement son ouvrage de la grandeur des Romains, où il sentoit bien que mon caractère & ma Religion trouveroient bien des choses à réformer. Il l'imprimoit en Hollande par la méditation de l'Ambassadeur M. le Comte de Vanhoé. Deux fois la semaine il en recevoit les épreuves à corriger.

C'est précisément de ces corrections qu'il me chargea, corrections, dis-je, religieuses, théologiques, morales, philosophiques même plutôt que littéraires, historiques ou grammaticales. Il n'avoit pas besoin de moi pour celles-ci, & il étoit trop poli pour me charger de la simple correction typographique des fautes d'impression ; ce que je fis pourtant. Pas une feuille en première épreuve qui ne me passât par les mains : pas une, où je ne prisse l'honnête liberté d'être son ami exactement, religieusement vrai.

Un prétendu ami commun, ami de la licence, voulut au milieu de l'ouvrage réprimer ma liberté. L'Auteur me permit, me pria d'aller jusqu'au bout. Et l'ouvrage parut exemt de reproche, tel que je l'avois légitimé ou rendu digne d'un Auteur noble, & en place de grand & grave Magistrat.

L'article seul du *suicide*, se glissa, je ne sais comment, dans une seconde ou troisiéme édition. L'Auteur tenoit un peu à cet article Anglois-Romain. Les vrais Magistrats, & l'Auteur même, sans que je m'en mélasse, le firent ôter. J'étois Journaliste alors: j'eus le plaisir de pouvoir donner un ou deux grands Extraits d'un Ouvrage sain & non suspect, d'un tel ami.

Arriva le troisiéme Ouvrage de l'Auteur, le grand Ouvrage de l'esprit des Loix. Pour celui-là, je ne me vanterai pas de l'avoir corrigé, si ce n'est fort après coup. Je ne m'en doutois pas, quoiqu'il m'en eût parlé vaguement depuis long-tems. J'avois peut-être la fausse sécurité de croire qu'il ne le donneroit pas sans mon attache. Il fut long-tems public sans que je voulusse croire qu'il fût de lui. Lorsque je n'en pûs plus douter, je lui écrivis pour me plaindre de sa réserve, inoüie avec moi. Je dois être cru: Notre commerce étoit d'une franchise encore plus inoüie entre Savans. Je puis montrer les Lettres par lesquelles il m'avoüe qu'il s'est à dessein caché de moi dans cet Ouvrage, craignant que je ne m'y formalise de bien des choses, le croyant peu de ma compétence, & y parlant du reste assez peu de Religion & de mœurs, croyoit-il, vouloit-il croire ?

Piqué de sa réserve, je lui écrivis qu'il auroit dû au moins me donner cet Ouvrage imprimé, comme j'étois en possession de recevoir de lui toutes ses éditions de la Grandeur des Romains, lui disant que je voulois lire son Livre, mais que je ne le lirois que de sa main & dans celui qu'il m'auroit lui-même donné, à quoi il repliqua qu'il ne me le donneroit pas, & qu'il me prioit très-instamment de ne pas lire son Livre, qui n'étoit point, disoit-il toûjours, de ma compétence.

Je m'entêtai de le lire & de l'avoir de sa main. Je savois bien que complaisant à l'excès avec tout le monde, il me le donneroit enfin ; ce qu'il fit depuis la premiere jusqu'à la dixiéme ou douziéme édition, & je le lûs dans un esprit de critique, je l'avoüe, mais de critique amie, & en vûe même de rabattre bien des critiques odieuses qu'on ne laissoit pas de m'en faire comme si j'en étois responsable.

À peine m'eut-il donné son Livre, qu'il vint de Bourdeaux exprès m'en demander mon sentiment. J'avoüerai qu'il me craignoit un peu. Il me connoissoit exact & infléxible sur les bons principes de la Religion & du gouvernement. Il se croyoit sain sur le premier article ; & effectivement, à un article près & à quelques manques d'expression, je ne vois pas qu'il attaque le Dogme & l'essentiel. Mais sur le gouvernement de l'Etat, & celui surtout de l'Eglise, sur la discipline, je le fis convenir qu'il étoit trop & tout Anglican.

Je portai mon humeur critique, je l'avoüerai, un peu plus loin. Oüi, j'étois vivement piqué qu'il m'eût dit que son Livre, comme Jurisconsulte, n'étoit pas de ma compétence. Autre chose est d'être Jurisconsulte & Légispérite dans un Livre, autre chose de juger d'un Livre qui l'est & de son Auteur. Est-ce que les Magistrats sont de tous les Arts, Sciences & Métiers, dont ils jugent pourtant fort sainement & définitivement tous les jours ?

Ma critique ne fut ni maligne, ni amére, ni de cœur, n'étant pas publique,

opposé à l'Homme physique. 105
mais d'amitié pure & purement d'esprit, de lui à moi, d'ami à ami, & dans le vrai bien du Livre & de l'Auteur. Je ne m'amusai ni à des traits ni à des mots. J'allai droit au but, au tronc de l'arbre & à la grande division des trois sortes de Gouvernemens & de Loix, le Despotique fondé sur la crainte, le Monarchique sur l'honneur, & le Républiquain sur la vertu. Je lui passai ces trois divisions, quoique la dernière m'ait toûjours paru fort mal caractérisée par la vertu.

Mais je ne lui fis point de quartier sur une quatriéme division, la plus essentielle, qu'il avoit omise, qu'il n'avoit point connue, & qui est pourtant la premiere de toutes, & la règle & la base des trois autres: c'étoit justement le Gouvernement des Sauvages, & la liberté ou plutôt la pure loi naturelle sur laquelle il est uniquement fondé. En fait d'intelligence, M. de Montesquieu étoit un aigle; il avoit l'esprit pénétrant & en même tems profond, il voyoit au-dessus des astres & jusques dans les souterrains.

Il ne me donna pas la peine de me répéter, il me devina : car voulant un peu l'intriguer, je ne lui parlois depuis un tems, ni même jamais qu'à demi-mot. De tout tems nous avions un langage unique entre nous. Nous n'avions presque pas besoin de nous écrire & de nous parler pour nous entendre. C'étoit par mon grand respect pour lui, que je n'osois lui parler de rien affirmativement, définitivement ; & c'étoit par sa grande amitié pour moi, que sans fadeur, il me laissoit entrevoir les choses obligeantes, qu'il avoit à me dire à tout propos. Je suis, M. votre, &c.

XVIII. LETTRE

JE ne me lasse point, M. de vous parler du grand Président de Montesquieu, à l'occasion des Sauvages; que simplement il n'a pas connus ; au lieu que vous les méconnoissez absolument, & que vous les travestissez en bêtes qui ont à peine la figure humaine. M. de Montesquieu n'a jamais calomnié la nature humaine, & il n'a que trop voulu la combler de biens, dont elle n'est pas susceptible. Timoré, poli-

opposé à l'Homme physique.

sensible & bon comme il l'étoit, il auroit rougi de la voir si avilie dans vos portraits. Revenons au Gouvernement politique, œconomique & civil des Sauvages, dont je ne fis simplement qu'avertir ou donner l'ébauche à l'Auteur illustre de l'Esprit des Loix.

La société est le fondement de tout: elle est naturelle & de la premiere nature, parce que essentiellement tout homme a pere, mere, grand'pere & grand'mere, freres, sœurs, oncles & cousins avant lui & à côté de lui, & qu'avec & après lui il a communément femme, enfans, petits-fils, neveux, &c. M. R. a beau faire, les besoins & les sentimens naturels respectifs feront à perpétuité & ont toûjours fait une & plusieurs sociétés de tous ces gens-là. Et l'on défie, la nature même défie de citer jamais enfant ou homme vrai qu'on ait trouvé dans les forêts, qui n'ait tenu jusques-là, jusqu'à l'âge très-adulte du moins, à des parens réels, faciles même sans doute à retrouver non loin de ces forêts.

Les Sauvages donc du Canada ou d'ailleurs forment de vraies sociétés, comme j'ai dit, sous des noms nationaux d'Iroquois, de Hurons, d'Algonquins, &c. Or tous ces gens-là vivans ensemble & en commun, en communauté de langue, de pensées, de sentimens, d'affections, de connoissances, de besoins, d'intérêts, de guerre, de paix, de pêche, de labour, de chasse, &c. ne peuvent manquer d'avoir & ont bien sûrement des Loix & un Gouvernement politique, moral, œconomique & civil, qui n'est, disois-je à mon illustre ami, ni Despotisme, ni Monarchie, ni République, mais Naturalisme, ou plutôt Moralisme pur, pure Loi naturelle, purs sentimens naturels, & n'est pas même pure liberté, si ce n'est honnête, humaine & assujettie aux loix de la conscience & de la raison.

Ils n'ont ni Rois, ni Princes, ni Magistrats en titre, mais équivalemment ils ont pourtant des Chefs & des Gouverneurs, ne fût-ce que les Chefs de famille & les Anciens, vrais Peres conscrits de toutes les familles, de tous les villages, de toutes les Peuplades, de toute une nation. En guerre ils se donnent des Capitaines qui n'ont presque droit que de ralliment & de marcher aux coups les premiers, & tout au plus, la premiere part au butin. Ils n'ont point de Ministere ni de Conseils d'Etat. Mais les plus sages, les plus expérimentés, les plus illustres par leurs hauts faits, & sur-tout les plus anciens, s'assemblent & jugent en commun de la guerre ou de la paix, & du bien ou du mal de tous.

Point d'autres Loix que la raison, l'honneur, la conscience, & une certaine tradition de mœurs & d'usages, dont ils ne se départent pas facilement. Je veux bien y ajoûter la liberté, comme une Loi sacrée, dont ils ne se départent guères non plus, dont il leur est même permis d'abuser: je dis d'abuser, au préjudice des autres Loix de raison, d'honneur & de conscience; car ils en connoissent fort bien l'abus, reconnoissent le vice, & savent bien qu'elle doit être subordonnée aux autres Loix de devoir naturel & divin.

S'en écarte qui veut de ce devoir & de tous les devoirs de la société; réellement ils n'ont point de voie, ni de Loi de coaction, de contrainte, soit pour punir les réfractaires, soit pour les contenir dans le devoir. Ils ont bien des récompenses d'honneur, de butin, de nourriture, mais nulle sorte de peine afflictive pour les enfans mêmes.

Par exemple, ils instruisent les enfans, mais ne les châtient jamais, & les Missionnaires n'ont jamais pû leur faire que des catéchismes, des exhortations, des sermons, & jamais des classes en règle, jamais des maisons de Pensionnaires, jamais des Collèges. Des Missionnaires tant qu'on veut, jamais des Maîtres : chérissant du reste ces Missionnaires comme des peres, comme des Sauveurs, jamais comme des Chefs ou des Législateurs. Ils reconnoissent la Croix, l'adorent, l'embrassent, la portent & la suivent, lui obéissent. Nul sceptre ne les tente de commander ni d'obéir.

Par exemple encore, une jeune fille introduira la nuit dans la cabane de son pere quelqu'un qu'elle aime ; cela est rare, & là on se cache de tout cela, comme ici, par pudeur, par honneur : mais là, comme ici, il y a gens qui ne rougissent qu'en public. Le pere, la mere, les freres lui diront, *ma fille, ma sœur, tu as tort, tu nous deshonore, tu ne trouveras point de mari*. On le lui dira, mais on ne fera que le lui dire ; & si elle s'en moque, personne ne s'en formalisera plus que cela.

Quand ils ont un mauvais sujet, quelqu'un s'ennyvre & va le tuer, disant ensuite que ce n'est pas lui, mais le vin qui l'a tué : & toute autre sorte d'homicide coupable s'excuse, en disant, ce n'est pas moi, mais *c'est ma tête qui étoit faite comme cela un tel jour* : & l'homicide est impuni.

Autre exemple bien remarquable. Un Village, une Nation vient de faire la paix en règle, & par un vrai traité avec une autre Nation. Ce traité le plus solemnel, accompagné de sermens, de gages, d'ôtages, de presens, ne plaît pas à tout le monde, ne fût-ce qu'à un seul étourdi de vingt-cinq, trente ou trente-cinq ans. Celui-ci dit à tous ceux qui ont fait le traité, qu'ils n'ont rien fait qui vaille, que ce traité *n'est pas de valeur*, qu'il va le rompre par quelque acte d'hostilité. *Tu as tort, mon frere*, lui dit-on, *tu nous feras une mauvaise affaire*. On lui dit cela, mais on le laisse faire. Il part, va couper une chevelure ennemie, en apporte le trophée dans la cabane du Conseil, en riant, en se moquant des Anciens assemblés. On le blâme, point plus fort que ci-devant, & on ne pense plus qu'à soutenir cette nouvelle guerre, ou à la prévenir par des presens ou des soumission faites à la Nation que cet étourdi vient d'armer de nouveau.

Voilà ce que j'ai pris la liberté de remontrer il y a cinq ou six ans à M. de Montesquieu. Comme c'étoit la plus belle ame, la plus candide, la plus aimant la vrai que j'aye connue, sur-tout en fait de Religion, qu'il avouoit ne pas connoître assez, il convint dans le moment, que son énumération politique, œconomique, légispérite ou civile étoit imparfaite, & que cette sorte de Gouvernement, purement naturel (phisico-moral comme l'homme) qui a cours dans tout un monde plus grand que le nôtre, valoit bien la peine de former une quatriéme classe dans son Esprit des Loix; je croirois même, que ce seroit dans cette classe qu'on pourroit mieux retrouver l'Esprit de toutes les Loix positives, simplement ajoûtées dans tous les Gouvernemens à la Loi naturelle, qui est la Base & l'Esprit de tout. Je suis, M. votre, &c.

XIX.

XIX. LETTRE.

MOnsieur, l'illustre Président dont je vous parle depuis quelque tems, pour vous donner même un peu plus le ton de contradictions honnêtes peut avec quelque décence opposer, soit à la Religion, soit à la Morale ou à la Politique, à l'humanité en un mot telle qu'elle est, ce grand homme, dont je regrette bien sincèrement la perte, étoit frapé de tout ce que je viens d'avoir l'honneur de vous dire des Sauvages, qui ne sont pas si Sauvages qu'ils ne soient hommes, les vraies images de Dieu, un peu défigurées par le péché, mais rétablies ou en droit de l'être, par Jesus-Christ notre Sauveur à tous.

Il me témoigna même dans le tems vouloir sérieusement enrichir son Esprit des Loix de cette quatriéme classe. Il doit avoir travaillé en conséquence. Je lui indiquai nos vieilles relations des Missions du Canada, où on en trouve les vrais détails. Il seroit de conséquence, pour sa gloire même de ne pas perdre mille belles choses, que fait comme il étoit, penseur & systématique, il doit avoir jettées sur le papier. Il ne m'en a plus parlé, je ne lui en ai plus parlé. Nous nous voyons peu ces dernieres années, car quoiqu'habitans du même monde, il m'écrivoit il y a quinze ou dix huit mois, que nous n'habitions plus la même planéte, c'est-à-dire, le grand monde, d'où je m'étois retiré malgré lui.

Quoi qu'il en soit de cet état de vie sauvage & de pure nature, si c'est pure nature, je reviens toûjours à dire que c'est un dernier état de l'humanité dépouillée de tous ses avantages naturels, & une vraie barbarie, déchue de la vraie & parfaite société, où Dieu même nous avoit fait naître dans le Paradis terrestre & comme renaître dans les belles plaines de Sennaar, au sortir de l'Arche de Noé.

Encore ne vous ai-je pas tout dit, M. tout ce que je pense de la vie sauvage dont je viens de vous entretenir à l'occasion de M. de Montesquieu. Depuis ce que j'eus l'honneur de lui en dire à lui-même, mes idées se sont aggrandies & s'aggrandissent même dans

opposé à l'Homme physique. 115
le moment à votre occasion, & tout en vous en parlant un peu à fond.

Les Sauvages sont en effet Sauvages, & de vrais Sauvageons tout-à-fait dégénérés & abâtardis, autant qu'il est permis de l'être à des hommes qui sont toûjours des Etres moraux, théologiques même, images de Dieu, & ayant, quoiqu'ils puissent faire, un rayon de lumiere divine, qui éclaire tout homme venant au monde, *lux vera, quæ illuminat omnem hominem venientem in hunc mundum.*

Ce sont les Tartares, à bien dire, ceux qui habitent le Nord immédiat des Indes & de la Chine, les *Montgoux* & les *Mantcheoux*, qui forment proprement cette quatriéme classe de Gouvernement politique, moral & théologique, dont la liberté est régulierement subordonnée à la Loi naturelle, Loi encore une fois non simplement physique, mais humaine, morale & théologique, la seule Loi primitive des hommes, vrais fils d'Adam avant & après le déluge; la seule à laquelle Jesus-Christ nous a rappellés, en nous rétablissant dans la noble & sainte liberté des enfans de Dieu.

Nous nous cassons la tête à imaginer des sistêmes & des origines généalogiques de toutes choses ; & le plus mal & le grand mal est que trop corporels & matériels, nous remontons toûjours à une nature toute physique & matérialiste qui nous égare avec Straton, Spinosa & tous les Déistes, Athéistes de tous les tems.

L'Ecriture, oui l'Ecriture Sainte est un livre si vrai, si fort fait pour nous, si uniquement notre livre, livre de vie, qu'en quelque état de science ou d'ignorance que nous soyons, de théologie ou de philosophie, de physique ou d'histoire, de foi même ou de raison, de bel & de bon esprit, nous pouvons y trouver le complement ou l'abrégé de toutes nos sciences, la résolution de toutes nos difficultés, doutes, problêmes. Qu'on ouvre les yeux, & l'on verra que jusqu'ici on n'a pas trop sû ou voulu les ouvrir à ce flambeau universel, dont effectivement Dieu & Jesus-Christ se sert, pour éclairer tout homme venant au monde.

En fait d'origines au moins, de *Genéses* & d'inventions, dès ce quatrième Chapitre de la Genése tous les grands

Arts sont inventés, & nous en connoissons par nom & par surnom tous les Inventeurs. Les Arts Libéraux sont inventés sous le nom de Musique par *Jubal*, & les Arts Méchaniques par *Tubalcain*, qu'évidemment l'idolâtrie a transformé en *Vulcain*. Ce ne sont pas là les vrais grands Arts d'humanité dont je veux parler.

Ce n'est pas Nembrod ni Assur, qui inventerent la vie civile & politique, qui sont des Arts supérieurs à tous ceux de nos mains, ou de notre simple bel esprit. Ce fut le fratricide Caïn, qui inventa ces Arts-là, en bâtissant la premiere Ville de l'Univers, la Ville d'*Enochia*. Je ne laisse pas de penser, que ce genre d'invention ne fut jamais trop agréable à Dieu, ne fût-ce qu'à cause de son Auteur. Je pourrois être de l'avis de M. R. s'il prenoit la chose de ce côté-là.

Dans le moderne, Rome peut être regardée comme la seconde Ville de l'Univers, aussi fut-elle l'ouvrage d'un fratricide Romulus, &c. Je laisse aux Savans à nous dire, pourquoi de notre tems même, *Urbis & Orbis*, est l'inscription ordinaire de la plûpart des Rescrits des Romains.

Je n'ai garde de rien outrer avec M. R. qui sur cette simple ouverture, croira pouvoir anathématiser avec amertume toutes les Villes, & sur-tout les grandes Villes, les Villes Capitales de l'Univers. Je conviens, je pense, je crois savoir que les Villes ne sont point de la premiere intention de Dieu. C'est d'Enochia que sortit le premier déluge : c'est ordinairement dans les Villes, que se fabriquent la plûpart de ces déluges d'iniquité, qui inondent l'Univers. Les campagnes sont plus communément le séjour de l'innocence ; & la vie pastorale a eu de tout tems le suffrage des Poëtes en idée, & de Dieu même en réalité.

Les Villes, pour parler clair, ne sont en quelque sorte que de la seconde intention du Créateur : elles sont tolérées & de pure concession. Après quarante ans de vie errante dans le désert, Dieu permit aux Juifs d'habiter Jérusalem & les autres Villes de la Palestine. Dieu tire sa gloire de tout, & le bien du mal même.

Dieu veut la société, cela n'est pas douteux ; le genre humain ne peut aller que par-la, depuis qu'il a tiré Eve

opposé à l'Homme physique. 119
de la côte d'Adam : mais encore une fois, les grandes sociétés, les sociétés trop intimes, ne sont en aucune façon du goût de Dieu, témoin la dispersion de Babylone, & celle des hommes de tous les tems. *Major è longinquo reverentia.* Les hommes sont plus faits pour se respecter de loin, que pour s'aimer de trop près. C'est toûjours l'image de Dieu, &c. Je suis, M. votre très, &c.

XX. LETTRE.

LE premier Inventeur & la premiére invention en grand, à qui Dieu & Moyse paroissent donner la préférence, comme la primauté, fut Jabel, & la vie champêtre & errante sous des tentes, vie pastorale ou simplement campante ou campagnarde *Genuitque Ada Jabel, qui fuit Pater habitantium in tentoriis, atque Pastorum.*

La vie même des Guerriers en pleine campagne & sous des tentes, est plus du goût de Dieu que la vie civile de nos grandes Villes. Ce n'est que comme en passant, hors-de-rang, sans éloge ni titre d'invention, que l'Ecriture Sainte nous dit historiquement, que Caïn bâtit Enochia, au lieu qu'elle traite de Peres & de Patriarches, les Inventeurs des Arts, dont elle parle ensuite d'un dessein formé, mettant Jabel à la tête de tous, tant la vie champêtre, campante, pastorale, militaire même, est la propre vie de l'homme; donc la vie est une milice & un passage, & non un établissement sur la terre.

Nous passons notre vie à édifier, à bâtir & à nous établir sur la terre, où Saint Paul nous avertit d'après l'expérience & le bon sens, que nous n'avons pas de Cité permanente. C'est une observation que je fis étant encore jeune & que j'ai vû souvent confirmée depuis celle-là. Une Dame riche & puissante m'arrêta un jour sur le tard, au passage, devant la porte de son Château, pour me dire qu'enfin ce Château étoit fini, & qu'elle alloit en jouir. Au moment qu'elle me disoit cela, un coup de serein la frapa; elle en mourut huit jours après. Voilà l'observation & la pointe d'Epigramme: c'est que *ceux qui bâtissent aujourd'hui, meurent constamment*

apposé à l'Homme physique. 121
ment demain, c'est-à-dire, dès qu'ils ont fini leurs bâtimens.

Je dis la pointe d'Epigramme, parce que c'est le style du jour, style de bel esprit, de ne se faire lire que par-là. Un raisonnement moral & suivi, n'est point le style de nos Philosophes : on m'en a averti. Mon observation épigrammatique est si vraie, que dans le monde, j'ai vû mille gens la faire, d'où résulte cette autre Epigramme, *qu'on bâtit pour ses enfans & non pour soi.*

La plûpart même de ceux qui bâtissent en pierre de taille & à demeure, croyant éluder la nature, & prendre Dieu pour dupe, ont soin de multiplier & de prolonger leurs bâtimens, ne voulant jamais les avoir finis, comme s'ils voyoient leur propre fin dans celle de leurs travaux ; car notre vie n'est qu'une Epigramme, dont la mort est la pointe. Lima avec tout son or, n'a trouvé à propos de se rebâtir qu'en bois, & c'est à Lisbonne de profiter de l'avertissement. J'ai fait un ouvrage contre la pierre de taille, en faveur des vrais Arts d'Architecture & de besoin.

Il n'est pas mal après tout, que Dieu nous prenne à la fin ou dans le courant

L

d'un vrai travail, *verum laborem*, puis-que notre vie n'est que travail, de son ordre exprès. Nos Villes, nos édifices en pierre de taille, à chaux & à sable, ne sont pas un vrai travail devant Dieu, puisqu'elles ont pour but notre perpétuité sur la terre ; ce que nous appellons pourtant un peu en grand, *travailler pour l'immortalité*, tant nous connoissons peu notre vraie éternité.

C'est Jabel qui édifia pour l'immortalité, en devenant le pere & le Patriarche de la vie tartare, champêtre, campante, pastorale & militaire. Je ne traite point cela de petite invention, soit parce qu'elle est dans le vrai, soit parce qu'elle est dans le grand de nos mœurs, soit parce que la moitié peut-être du genre humain, fait & a de tout tems fait honneur à cette vie tartare, nullement sauvage, mais très-civile, très-sociable, très-humaine, en s'y conformant.

Ne jugeons pas éternellement de toutes choses, par nos petits goûts & par nos façons efféminées de pur bel esprit. Nos Villes peuvent être le regne des femmes : le séjour des tentes est le regne de hommes. Encore faut-il sé-

opposé à l'Homme physique. 123

…ler des Villes & camper au milieu des champs lorsqu'on veut prendre ou défendre les Villes, fonder ou détruire des Empires. Et combien de Conquérans fameux sont sortis de la Tartarie, de la Scythie pour conquérir la Chine, les Indes, le Mogol, l'Asie, l'Afrique même & l'Europe. Ceux qui appellent les Russes en Europe, veulent sans doute la bouleverser à leur profit. La plus vraisemblable opinion, dérive de la Scythie & du Tanaïs les premiers François. Ceux qui ont détruit & rétabli en parcelles le grand Empire des Romains, n'étoient que Gots, Visigots, Ostrogots, Sarmates, Huns, Vandales, Gépides, Lombards, Bourguignons, & enfin Francs ou François, généralement issus des déserts mêmes des Palus-méotides; & c'est la Sibérie probablement, qui a fondé ou peuplé toute l'Amérique, dont les Sauvages sont l'abatardissement immédiat des Tartares d'Asie, seuls vrais enfans de Jabel qui *ipse fuit Pater habitantium in tentoriis, atque Pastorum.*

Adam, Abel, Seth, Enoc & tout ce que l'Ecriture Sainte appelle les *enfans de Dieu*, avant le déluge, & tous

L ij

les vrais Patriarches, Abraham, Isaü & Jacob, après le déluge, vécurent sous des tentes, non simplement en Pasteurs, mais en Grand & en Chef & Seigneurs, Patriarches en un mot comme Jabel de la vie pastorale. Enochia ne fut pour Caïn & ses vrais enfans, sous le nom d'*enfans des hommes*, qu'un repaire d'Arts, Arts mondains, de crimes & de vices, qui pervertissant jusqu'aux enfans de Dieu, attirerent cet horrible déluge, qui pensa exterminer la race humaine toute entiere.

Si M. R. que je ne perds pas de vue, n'avoit pas outré tout, manque de connoître l'Ecriture, & le vrai même des Arts, des Sciences & de la société qu'il calomnie, j'aurois pû être de son avis, que les petits Arts de luxe, & les pures sciences de bel esprit, énervent la société des Villes, des grandes Villes & rendent la vie sauvage même préférable à nos sociétés criminelles & de bagatelle pure. M. R. a jugé de tout cela trop en petit, trop en *Epoïsme*, & par rapport à lui, trop en Mysantrope, & point du tout en Citoyen, ni en Chrétien. Je suis fâché que ce mot m'échape comme malgré moi : je vous en demande pardon M. car je suis toûjours votre très, &c.

XXI. LETTRE.

Quand j'ai dit M. que les Tartares avoient conquis souvent l'Univers, tantôt à la Chine, tantôt aux Indes, en Asie, en Europe, &c. j'ai dû ajoûter que ce Peuple, sous les noms de Scythes, de Sarmates, de Mongous, de Kalchas, de Mantcheoux, n'a jamais été conquis. On sait bien que ce fut l'écueil d'Alexandre, & même de Cyrus, comme de Darius. Je ne dis point cela en l'air, ni en façon de systême : c'est un fait, un résultat de faits dans la grande histoire du genre humain.

Dans le moment, je rappelle qu'étant allé voir un jour le célèbre Président de Montesquieu, dans les commencemens de notre amitié, il y a plus de trente ans, je le trouvai dans une espéce de verve, & tout enthousiasmé de la découverte qu'il venoit de faire, disoit-il, d'un Peuple spécialement conquérant dans l'Univers : & ce Peuple étoit les Tartares. Dans ce moment, M. de Montesquieu en étoit à la dix-huit ou vingt-huitiéme irruption conquérante, que ce Peuple avoit faite dans notre triple Continent, Européen, Asiatique, Afriquain.

Ce qui causoit l'enthousiasme, & faisoit la découverte propre & spécifique de l'Auteur, étoit que prenant la chose dans toute la rigueur, il vouloit que ce Peuple seul, à l'exclusion de tout autre, Grec, Romain, Mede ou Persan, fût créé par la nature, ou donné de Dieu même, avec la qualité spécifique & caractéristique de Peuple conquérant ; ce que, sans nier cela, je fonde ici sur la vie spécialement tartare, champêtre, campante, pastorale & militaire, que je regarde comme la vie proprement humaine & sociable, selon Dieu & la raison, & nommément selon la foi de l'Eglise & de Jesus-Christ, dont la propre demeure sera toûjours nommée le *Tabernacle du Dieu vivant.*

Et voilà je crois le propre sens du *Deus non in manufactis habitat.* Nos Villes seules & nos maisons de pierre de taille, peuvent porter le nom de *manfatta*. Une tente, un tabernacle n'est jamais une maison faite, faite pour toûjours & pour long-tems. Elle ne tient point à la terre, & pour le moins n'y est-elle pas enracinée, mais toûjours à refaire & prête à s'envoler, comme notre vie, au gré du vent & des vrais besoins.

Je n'ai pas d'idée que M. de Montesquieu ait imprimé quelque part son idée de la vie tartare, conquérante d'office, & par privilège spécial de la nature & de Dieu. En tout cas, on trouvera de lui des papiers relatifs, qu'on ne sçauroit trop-tôt imprimer, non plus qu'une infinité de grandes pensées, dont il m'a confié la connoissance, & peut-être le soin de les faire valoir à propos.

Encore une fois, je ne réfute pas M. R. pour le réfuter & le critiquer, mais sur-tout pour rétablir bien de bons principes qu'il a ignorés ou contredits. Il y a une chose qui embrouille l'Histoire générale du genre humain, & cause tous ces faux Systêmes qui défigurent l'origine de toutes nos Histoires modernes, Grecque, Romaine, Françoise & autres. Nous jugeons de toutes les autres par une de celles-là. Nous nous croyons toûjours sortis du limon de la terre ou éclos du gland de la forêt de Dodone, suivant l'impie Systême de Diodore, qui ne laisse pas d'avoir une sorte de fondement mal entendu dans l'Histoire Sainte, où réellement nous sommes comme éclos du limon de la terre, mais figurés de la main de Dieu, & sur-tout animés & vivifiés de son souffle & à son image.

Après la dispersion de Babel, Sem & Cham ou leurs enfans, point ou peu dispersés, fondèrent des sociétés & des Empires extrêmement florissans en Asie & en Afrique. Tout cela ne tomba bien dans la Barbarie à force de guerres, de mutations & de crimes qu'après la mort de Jesus-Christ à l'arrivée des Musulmans, qui ont détruit les Bibliothéques, les Monumens, les Atteliers, les Lettres, les Sciences, les Arts par principe Ismaëlitique & pour sauver l'Alcoran, en détruisant l'Evangile & l'Empire d'Isaac ou de J. C. Car Ismaël & Isaac ont toûjours été rivaux, & le sont encore à Rome & à Constantinople, suivant cette

opposé à l'Homme physique. 119
prophétie de l'Ange, qui en parlant d'Ismaël à sa mere Agar, dit:

„ *Hic erit ferus homo, manus ejus*
„ *contra omnes, & manus omnium con-*
„ *tra eum; & è regione universorum*
„ *fratrum suorum figet tabernacula.* Je suppose qu'on sait que Mahomet étoit descendant d'Abraham par Ismaël, comme J. C. l'étoit par Isaac. Or dans l'Antiquité l'Arabie étoit *è regione* de la Palestine, & dans le moderne c'est Rome & Constantinople, la vraie & la fausse Capitale de l'Empire Romain, qui sont comme deux armées en présence, dont l'une dispute le spirituel qu'elle tient, & l'autre le temporel qu'elle tient aussi à peu-près. Je suppose qu'on sait aussi, que quelqu'un a prouvé que Mahomet est le vrai *Antechrist* ou *Antichrist*, c'est-à-dire, *è regione* ou *ex adverso* de J. C. L'Ecriture Sainte est bien vraie. La derniere Vie de Mahomet imprimée à Londres, faite par le Comte de Boulainvilliers, fait Mahomet fils d'Abraham par Ismaël.

Il n'en fut pas de même de Japhet & de sa descendance: à force de transmigrations après l'affaire de Babel, ayant à gagner l'Europe & les Isles des Nations, & tout ce Pays-là & les chemins qui y mènent, étant des déserts, des montagnes, des Pays en friche ; cette Race Japhétienne tomba tout-à-fait dans la Barbarie, d'où les Grecs se relevèrent les premiers & nous relevèrent par les Romains, jusqu'à nous rendre participans en société de l'héritage même de J. C. dont le Déicide dépouilla les Juifs & la Race de Sem, suivant cette autre prophétie de Noé même : *Dilatet Deus Japhet, & habitet in tabernaculis Sem*. Où je prie M. R. d'observer le mot de *tabernaculis*, qui est le propre mot de la bonne nature, & sur-tout du bon Dieu son unique Auteur-Créateur, & non ces antres, trous & repaires où M. R. niche ses hommes *originaires*, *bêtes brutes*, & pis que cela. Je suis, M. votre très-humble, &c.

XXII. LETTRE.

Monsieur, les Grecs sortirent de leur barbarie à l'aide des Egyptiens, qui, par malheur, étant déjà Idolâtres, & pleins de superstitions, ne

opposé à l'Homme physique. 131

sélevèrent que l'esprit des Grecs, leur donnant du reste de fort mauvais exemples & des instructions pleines de fables & de misères de Religion & de mœurs. La vanité des Grecs, revenus au monde, les fit s'approprier toutes les Fables idolâtriques des Egyptiens en les chargeant de nouvelles Fables nationales à la Grecque. Belle Philosophie ! Encore nos beaux Esprits méprisent-ils les Grecs, leurs vrais instituteurs.

Entr'autres, les Grecs se donnerent pour *indigenes*, & enfans de la terre qu'ils habitoient, comme les Egyptiens se disoient noblement issus du limon de leurs marais. Ces hommes ainsi nés d'abord plantes, puis animaux, & peu à peu embryons d'humanité, sont précisément les hommes sauvages dispersés au hazard sans société parmi les animaux, tels que M. R. nous les donne à propos de l'inégalité des conditions qu'il veut physiquement expliquer, sous le nom de Philosophie de la façon.

Les Egyptiens idolâtres ne furent pas les seuls Précepteurs ou Instituteurs des Grecs barbares & presque sauvages; car ils étoient pis que Tartares &

Scythes. Au tems des Agenor, Cécrops, Cadmus, Danaüs, Inachus, qui furent les instrumens dont Dieu se servit pour retirer les Grecs de leur barbarie, la Phénicie, la Syrie, la Perse, la Chaldée étoient comme, & avant l'Egypte, tombées dans l'Idolatrie & dans les Fables qui sont la barbarie des ames, des cœurs, & même, selon moi, des esprits. Car M. R. en veut bien autant aux Arts & aux Sciences qu'à la Religion & aux mœurs, & à la Religion & aux mœurs autant qu'aux Arts & aux Sciences. Ces choses-là sont plus inséparables qu'on ne pense : on va le voir bientôt.

Cependant les Grecs arrivérent par le moyen des Egyptiens & des Asiatiques, au bel esprit, mais jamais au bon & au saint esprit, si ce n'est lorsque J. C. arriva en personne pour le leur donner, *Judæo primùm & Græco*, & nous le donner à nous-mêmes, Gaulois & Romains par leur moyen. Car S. Denys, &c. étoit Grec, Athénien même.

Et bien nous en prend, que les Grecs & les Romains de qui nous sommes en possession de prendre le bel esprit, eussent commencé par nous donner le bon & le saint esprit, comme les hommes peuvent le donner, en lui servant de véhicule. Car il est vrai que c'est toûjours des Romains & des Grecs que nous recevons le bel esprit trop pêle-mêle avec le bon esprit, dont les Grecs se sont toûjours trop peu piqués, jusqu'à le perdre enfin tout-à-fait par leur Schisme toûjours bel esprit, & à la fin Musulman & sans esprit, sans science, lettres ni arts, comme sans vraie Religion, à la R.

Prenons garde à cette fin du bel esprit aboutissant au non esprit, où nous mène évidemment M. R. en nous ramenant à notre prétendue origine par des Systêmes, qui non-seulement excluent les Arts & les Sciences, mais n'ont pas même de *bon sens*. Car nommément j'ai été prié & je suis autorisé par gens de bel & de bon & de vrai esprit de lâcher le mot du *bon sens* qui manque aux fantaisies de M. R.

Arrivé à peu-près aux deux tiers de son Livre sans avoir rien prouvé, par un entassement de propositions improbables, M. R. se flatte pourtant d'avoir enfin pas à pas mené son sauvage non humain à l'humanité sociable, & vicieuse par conséquent, selon lui. On peut croire qu'il n'y a de vicieux que cette façon ou ce dessein de mener tout cela, si c'est mener, à contre sens & au vrai rebours du sens commun.

„ Voilà donc, *dit-il*, toutes nos fa-
„ cultés développées, la mémoire &
„ l'imagination en jeu, l'amour propre
„ intéressé, la raison rendue active, &
„ l'esprit arrivé presque au terme de la
„ perfection dont il est susceptible. Or
„ de-là vint tout de suite l'hypocrisie,
„ le faste imposant, la ruse trompeuse,
„ &c. & sur-tout l'esclavage, de libre
„ & d'indépendant qu'il étoit aupara-
„ vant." Si bel & si bien du reste qu'en se perfectionnant, selon M. R. & devenant de machine, animal, d'animal spirituel, de spirituel raisonnable, & de raisonnable sans doute divin, l'homme se dégrade, selon M. R. dont voilà le bon sens de mener tout à contre sens, ai-je dit & redit ?

Sans trop entrer désormais dans ses raisonnemens fantasques & misantropes, il me permettra de lui faire observer que ce sont gens comme lui qui rendent la société insociable, 1°.

opposé à l'Homme physique. 135

prêchant sans cesse l'insociabilité, & je ne sais quelle liberté orgueilleuse & de révolte pure. 2°. En calomniant les Arts & les Sciences, qui sont le plus honnête & le plus utile lien de la société dans le commerce réciproque de nos besoins respectifs. 3°. En appellant bien le mal, & mal le bien, en pervertissant toutes les notions du sens commun qui est le vrai nœud de tout. 4°. En rendant odieux les Grands, les riches, les Savans, les talens, les Magistrats, les Princes, & toute sorte de supériorité légitime venant de Dieu. Car *omnis potestas à Deo*.

Il est heureux que M. R. ne soit pas plus éloquent que cela, & qu'il outre tout ce qu'il dit de mieux. Sans quoi on le croit de retour de Genève avec le dessein de *iniquum aliquid moliri in civitate*. Il n'est pas assez à craindre pour qu'on ne puisse pas lui pardonner tant d'excès. Encore nous aime-t-il à la folie, à la fureur, comme ceux qui disent bien des sottises aux frivoles objets de leur amour.

Il répète beaucoup que la société seule assujettit l'homme *au travail*, *à la servitude*, *à la misère*. Voilà le vice d'un mauvais père d'avoir bercé M. son fils d'un Vossius, d'un Tacite, d'un Grotius, au lieu de lui avoir fait prendre de bonne heure le goût & l'habitude d'un vrai travail selon Dieu. Car c'est Dieu seul qui a condamné l'homme après sa rébellion au travail, à la servitude & à la misère.

„ *Maledicta terra opere tuo. In la-*
„ *boribus comedes ex eâ cunctis diebus*
„ *vitæ tuæ. Spinas & tribulos germina-*
„ *bit tibi, & comedes herbam terræ. In*
„ *sudore vultûs tui vescêris pane, do-*
„ *nec revertaris in terram de quâ sump-*
„ *tus es, quia pulvis es, & in pulverem*
„ *reverteris.* " Je suis surpris que M. R. ne rende pas la société responsable de notre mort. Si les bêtes ne mouroient pas, il n'y auroit pas manqué.

A Eve même, & sur-tout à Eve Dieu a dit : „ *Multiplicabo ærumnas*
„ *tuas, & conceptus tuos. In dolore pa-*
„ *ries filios, & sub viri potestate eris,*
„ *& ipse dominabitur tui, &c.* Il semble que Dieu a craint qu'on n'attribuât à d'autres qu'à lui la condamnation de l'homme, de la femme & de la société au travail, à la servitude, à la misère, à la douleur, à la mort. En-
cors

opposé à l'Homme physique. 137
tore est-il vrai que l'homme a droit de s'en prendre à lui-même de sa condamnation, à sa révolte, à son péché. Ce qui n'en justifie pas davantage M. R. qui ne dit mot de Dieu ni du péché, & ne s'en prend qu'à la société qui est un bien, puisque selon Dieu, *non est bonum hominem esse solum*. Je suis, M. votre, &c.

XXIII. LETTRE.

Monsieur R. ébranle, sape, nous fait perdre de vue tous les bons Principes. Pour le moins est-il ingrat envers la France, qui le nourrit & le fait & le laisse au moins vivre & végéter, écrire même & gâter son papier. Ramenons-le à l'a b c des sentimens. Quelle est donc la misere, la servitude & le travail à quoi la société Françoise réduit M. R ? Est-ce que la société, la nôtre, comme toute autre, ne nous délivre pas & tous ceux qui nous font l'honneur de vivre avec nous, de nos miseres communes ?

Elle nous donne des Laboureurs, des Moissoneurs, des Meûniers, des Bou-

M

langers, & nous avons du pain en étendant la main ; car elle nous donne aussi de l'argent pour en acheter. Elle nous donne des Tailleurs, qui nous habillent, des Cordonniers qui nous chauffent, des Marchands de toutes sortes, des Médecins, des Hôpitaux, des Prêtres qui nous baptisent, nous prêchent, nous absolvent, nous enterrent, & nous mènent en Paradis comme par la main.

Toute la société travaille pour chaque individu. Chaque Métier & chaque Art demande trente mains, trente Arts & Métiers, pour nous faciliter le moindre de nos besoins. Une épingle passe par trente mains, par trente laboratoires, avant que d'être une épingle, dont on en a cent pour un ou deux sols. Et les Sauvages de M. R. en ont-ils moins de travail, de servitude & de misère, pour avoir moins de société ? Ils en ont bien davantage, puisqu'ils ont toutes celles dont nous délivre la société. Un simple petit miroir de deux liards pour nous, est pour eux un bijou, qui leur coûte bien des peaux de Castor, au profit de notre société.

opposé à l'Homme physique. 139

Est-ce vivre, pour un homme quelconque, que de ne vivre que de gland, & de racines, de méchantes herbes, que de se repaître de chair humaine, que de n'avoir pas une misérable couverture au milieu des frimats & des horreurs du Groenland & du Canada, que de n'avoir que de l'eau salée à boire, comme les Esquimaux, que de n'avoir ni foi, ni loi, ni religion, ni mœurs, ni instructions, ni connoissances, ni sciences, ni arts, ni Hôpitaux, ni Collèges, ni Précepteurs, ni Défenseurs, ni Princes, ni Magistrats.

Mais on est libre, dit M. R. & encore ne l'est-on pas. La liberté n'est que de choix entre le bien & le mal. Le Sauvage quand il pleut, n'est libre que de se mouiller, n'étant pas libre de se mettre à couvert. Il n'est pas libre : il est forcé de souffrir mille sortes de maux, la faim, la soif, la nudité, mille espéces de maladies. La société ne nous ôte aucune liberté honnête & utile, en nous forçant assez doucement, d'être honnêtes-gens, bons citoyens, bons Chrétiens : & comme elle y oblige tout le monde, encore lui sommes-nous redevables d'y forcer autour de nous

M ij

cent mille hommes, qui sans cela, pourroient à chaque instant nous molester beaucoup dans notre propre personne, dans nos biens, dans tout notre bien-être.

M. R. attribue à la société *les guerres nationales, les batailles, les meurtres, les représailles, qui font frémir la nature* &c. Est-ce que les Sauvages n'ont pas des guerres, des batailles, des meurtres, des représailles, d'autant plus faisant frémir la nature, que les nôtres sont contre la vie civile, la Religion, les devoirs surnaturels, & celles des Sauvages, toujours directement contre la nature seule? Les guerres & les batailles des Sauvages sont bien pires que les nôtres. Les nôtres peuvent être contre l'humanité en général : les leurs contre les hommes en détail, & d'homme à homme.

Quand la France est en guerre contre l'Europe entier, que sa jalousie réunit contre nous, il part de ce Royaume tous les ans dix ou vingt mille hommes de recrue, dont dans une campagne il peut en périr la moitié. Mais le gros de la France, le corps de la Nation n'en est comme point offensé, & la moitié de ce qui y périt, auroit pû périr

opposé à l'Homme physique. 141
sans cela. Qu'une Nation sauvage soit en guerre, c'est la guerre de toute la Nation ; les femmes y mènent leurs enfans à la suite des hommes. Leurs batailles ne sont que de deux ou trois cens hommes : mais c'est toute la Nation qui y périt.

Depuis douze cens ans, que la France comme Royaume fait la guerre en France, en Flandre, en Allemagne, en Italie, à Constantinople, à Jérusalem, à Damiéte, à Tripoli, en Espagne, &c. la France est à peu près aujourd'hui ce qu'elle étoit au tems de Clovis ; au lieu que toutes les Nations sauvages de l'Amérique, Algonquins, Iroquois, Hurons, &c. se sont comme toutes détruites, y en ayant plusieurs dont il ne reste plus de vestige.

Les guerres sont un mal de la nature corrompue, corrompue par le péché, non par la société réparée même par la société chrétienne en Jesus-Christ ; car l'Eglise n'est qu'une société, une assemblée de fidéles. Nos guerres se font en règle & ne vont jamais à la destruction d'une Nation entiere, ni à moitié. Les guerres des Sauvages sont des fureurs, des trahisons, des guet-à-pens, des assassinats, des duels, ai-je dit d'homme à homme. Nos guerres respectent l'humanité : à Fontenoy, Anglois & François s'invitoient le chapeau à la main à tirer les premiers: aucun ne vouloit commencer. Un ennemi désarmé n'est plus notre ennemi.

Or c'est-là que commence la guerre du Sauvage : un ennemi sans armes, excite toute leur fureur. Ils le saisissent, le garotent jusqu'à lui ôter la respiration. Ils lui arrachent la chevelure, cernant la peau du crâne tout autour, pour lever tous les cheveux à la fois, ce qui est un grand trophée pour eux. Ce n'est encore rien : ou le promène dans tous les villages, hameaux & cabanes, où jusqu'aux femmes & enfans chacun a droit de lui arracher un ongle, couper un doigt du pied, de la main, de l'assommer de coups. Ainsi mutilé, on le brûle, on le grille, on le rôtit, on le mange pièce à pièce & en détail.

Le comble des horreurs ! on le fait chanter, & il chante, tandis qu'il a le pied ou la main dans le feu. Le beau est même en cet état de se moquer de les bourreaux, de les exciter, de leur dire que si on les tenoit, on leur feroit pis. On chante, on rit, on fume une pipe. Le premier venu, un enfant, une femme approche du patient, lui coupe un doigt, le met dans la pipe, & le patient rit & fume son doigt, fût-ce même son œil, dont il trouve le parfum délicieux. Oh! pour le coup, voilà le Sauvage bête brute, dont M. R. envie la noble liberté! Je croirois offenser Dieu, si j'ajoûtois que je la lui souhaite. Dieu m'en préserve.

Il est vrai que si on vouloit punir M. R. de tant d'excès contre l'humanité, la raison & le bon sens, sans parler de la divinité, de la grace & de la foi, on n'auroit qu'à le prendre au mot, & le transporter au milieu des Sauvages, nud, libre, gai & content. Mais ce n'est pas moi qui ai imaginé cela : au contraire, s'il étoit là, j'irois moi ou mes freres pour l'en retirer & le convertir à Dieu & à la raison. Je suis M. votre très, &c.

XXIV. LETTRE.

Monsieur R. avance un principe dangereux, qui est que le droit de conquête ne peut jamais fonder un véritable droit, & que les Peuples conquis sont à perpétuité armés de droit contre leurs Conquérans, à moins que ces Peuples conquis ou la *Nation remise en pleine liberté, ne choisisse volontairement son Vainqueur pour son Chef.* D'abord il y a des conquêtes de droit par elles-mêmes, en second lieu, la plûpart des conquêtes ne se font pas sur les Nations, mais sur leurs Souverains, n'y ayant qu'eux qui ayent droit de réclamer à la tête de leurs Nations, comme serviteurs & soldats.

Il y a ici un Sophisme que font tous ceux qui critiquent les Gouvernemens en règle, sur-tout les Monarchies & même les Républiques. Je suis surpris que bien d'habiles gens qui ont défendu ces Gouvernemens, n'ayent jamais bien démêlé ce sophisme. Les prétendus esprits libres, forts & républiquains, soi disants Philosophes, supposent toujours

jours qu'une Nation comme Nation, une multitude de gens de même nom ont sur eux-mêmes un droit de gouvernement.

Tout leur droit de gouvernement n'est que passif. Une multitude n'a droit que d'être gouvernée, & non de se gouverner. Chacun au plus n'auroit droit que de se gouverner lui-même: droit nul & dangereux dans une société. Il est moralement impossible qu'une multitude se gouverne elle-même. Alors il est vrai que s'il n'y a pas de Chef naturel, la Nation, sans autre droit que d'être gouvernée, est forcée de se former en République ou en Monarchie, en déférant le gouvernement à plusieurs ou à un seul. Et encore, faut-il toûjours un seul Chef de Magistrature, de Sénat ou de République, un Dictateur, un Doge, un Statouder, tant la multitude a peu le droit de se gouverner, si ce n'est en servant fidellement celui qui a d'ailleurs le droit de la gouverner.

A remonter aux idées philosophiques, métaphysiques, morales, théologiques même des choses, on ne trouvera jamais dans une multitude en société qu'un besoin d'être gouvernée. Ce

N

besoin qui lui est propre, peut fonder le droit de celui qui la gouverne, mais non le sien, si ce n'est passivement comme j'ai dit. Essentiellement, une multitude qui se gouverne, porte l'idée d'un mauvais gouvernement, d'un non gouvernement. Où est donc son droit ? Il est dans celui qui est suscité ou que Dieu suscite pour en user, fût-ce un conquérant, pourvû qu'il soit légitime.

Mais s'il n'est pas légitime d'abord, le tems peut le légitimer, quoi qu'en dise M. R. Il y a, & il est bon qu'il y ait un tems de prescription, où la possession fasse le droit devant Dieu & devant les hommes. Le principe de M. R. est une semence de révolte & de guerre éternelle. Une Nation, sur-tout si elle est grande, n'a jamais droit de déposséder un possesseur, si ce n'est à la suite d'un autre reconnu légitime, ou plus légitime possesseur.

Je dis qu'une Nation, plus elle est grande plus elle a droit, c'est-à-dire, besoin d'être gouvernée, & moins elle a droit de gouverner. On en voit la raison, & je ne sais pas si cette raison n'exclud pas la République du vrai droit d'être un bon Gouvernement. Qui dit République, dit chose publique; & je doute que ce qui s'appelle public, soit un bon Gouverneur. L'idée du bon Gouverneur me paroît être celle d'une vraie Monarchie; aussi n'y a-t-il qu'un Dieu & qu'une Providence, modéle de tout bon Gouvernement.

Chacun a ses raisons, mais M. R. n'en a point pour dire qu'un droit de conquête soit un droit éternellement litigieux. Cet Auteur qui devine à sa fantaisie l'origine de toutes choses, dit que le premier *Gouvernement naissant, n'eut point d'abord une forme constante & réguliere.* D'où le sait-il ? De sa raison que voici. *Le défaut de philosophie & d'expérience ne laissoit*, dit-il, *appercevoir que les inconvéniens présens*, &c. Il s'agit bien de Philosophie & d'expérience physique ?

Voilà la manie de nos grands Philosophes, Physiciens à expérience depuis Newton, de vouloir mettre la main au Gouvernement, & y dire leur mot, comme si dans la physique même, leur mot étoit autre chose qu'une simple hypothèse, variable au gré de tous les grands parleurs. Tout cet endroit est plein de maximes séditieuses, & d'autant de sophismes.

L'Auteur cite Pline, disant à Trajan *Si nous avons un Prince, c'est afin qu'il nous préserve d'avoir un Maître.* Voilà le vaudeville, l'épigramme, le coup de langue, le bel esprit qui nous affolle. Pline étoit trop adulateur, pour ne pas joindre le titre de *Maître*, à celui de *Prince*, dans un panégyrique fait en face d'un Empereur, à qui sur toutes choses il vouloit plaire, au prix de toute sa liberté, & de toute celle de sa Patrie. Trajan eût-il été le tyran des Romains, comme il l'étoit des Chrétiens; encore Pline l'eût-il reconnu pour Maître, sous les noms de Prince, de pere & de tout ce qu'il y a de plus honnête & de plus doux. M. R. joue sur les mots quand il veut. Tout son discours n'est qu'un jeu de mots, pour éluder celui de *l'inégalité* des conditions qui n'est pas un jeu pour lui.

Tout le raisonnement de M. R. va ici à absoudre les Peuples du serment de fidélité toutes les fois qu'ils croiront que leur Prince ne les gouverne pas selon les Loix, c'est-à-dire, à leur fantaisie. Car, selon lui, les Loix sont à la fantaisie du Peuple, & il a seul tout le droit de législation, sous prétexte qu'à l'origine de tout c'est lui qui s'est donné un Législateur. Mais s'il se l'est donné, s'il lui a conféré la législation, il ne l'a donc plus lui-même, non plus qu'un Donateur a droit sur la terre dont il a donné à un autre le domaine absolu. Je suis, M. votre, &c.

XXV. LETTRE

C'Est la liberté, sa chere liberté sauvage, qui est le grand vœu & le grand cri de guerre de M. R. il s'entend en Sophismes, c'est-à-dire, à les faire : mais il dit, & cela même en est un, *que les Politiques font sur l'amour de la liberté les mêmes Sophismes que les Philosophes ont fait sur l'état de nature.* Et voilà M. R. qui en fait plus que les Philosophes & les Politiques; il pouvoit ajoûter les Théologiens, qui sont les seuls compétens pour nous dire ce que c'est que l'état de nature en opposition avec l'état de grace, qui est bien sûrement de leur ressort.

Qui n'entend qu'une partie, est bien

sûrement un juge incompétent. Les prétendus Philosophes, purs Physiciens tels que l'est & prétend l'être M. R. n'entendent au plus que la nature pour la connoître en elle-même ; & encore, encore l'entendent-ils ? au lieu que les Théologiens tout aussi naturalistes que les Physiciens, & pourquoi non ? sont au-dessus d'eux Moralistes & Docteurs de la grace. Selon Ciceron même la Philosophie est *rerum divinarum & humanarum cognitio*, & *divinarum* sans doute avant *humanarum*. Depuis Descartes il est vrai que nos Philosophes disent: *Je suis Philosophe & ne suis pas Théologien*. Ils ne sont donc ni l'un ni l'autre, ne pouvant être l'un sans l'autre. Mais je ne suis ici que Moraliste en opposition à M. R. qui n'est que Physicien soi disant.

M. R. sans indiquer aucun des Sophismes dont il accuse les Politiques mêmes & les Philosophes sans preuves ni demi, dit que ces Messieurs à qui il en veut de sa pleine autorité, *par les choses qu'ils voyent, jugent des choses très-différentes qu'ils n'ont pas vûes*. M. R. a-t-il vû d'Etat de pure nature, de *Sauvage originaire*, d'homme sans socié-

opposé à l'Homme physique. 151

a t-il vû inventer les Langues, par un tremblement de terre qui d'un continent a fait une Isle, comme d'un coup de canon, le *ratio ultima* de M. R. non Roi pourtant.

On croiroit en vérité que M. R. raisonne ou parle au hazard, & que c'est sa plume & non lui qui écrit. Il ignore les maximes les plus communes de la Logique, de la Réthorique, de toute méthode & de tout art de chercher la vérité & de bien parler. Ce qu'il blâme là est la premiere règle du bon sens, de la raison comme de la Foi. Car Saint Paul blâme les Philosophes de n'avoir pas reconnu un Dieu invisible par les choses visibles qui sont son ouvrage, & Descartes nous apprend très-bien à passer du connu à l'inconnu.

Et comment inventer en aucun genre, si par les choses qu'on voit on ne vient pas à imaginer ce qu'on ne voit pas. Selon M. R. il est faux que de soi l'homme aspire à la servitude comme le prétendent les Philosophes & les Politiques. Eh mon Dieu, sans tant d'abstractions métaphysiques & de bel esprit, nous voyons de nos yeux, & nous entendons de nos oreilles, & le bon sens

N iiij

nous le dit que les trois quarts & demi des hommes cherchent des conditions de valet même de client, de sujet pour avoir du pain & vivre en société ou vivre tout court.

On y est bien forcé d'aspirer à la servitude : & il est si vrai que *servire Deo regnare est*, que dans le monde même un simple laquais est tout fier de la livrée qu'il porte, & parle souvent plus en maître que son maître même. Et dans un état même d'abstraction & de bel esprit un peu sensé, la plûpart des hommes seroient très-embarrassés de la liberté à laquelle ils n'aspirent que parce qu'ils en ont encore trop. Je citerois tel Peuple de l'Europe, qui vivroit plus libre & moins sujet à des révolutions de servitude, s'il arrivoit enfin, comme il peut arriver, que ses vrais maîtres le devinssent un peu plus, & tout-à-fait.

Point d'esclavage plus grand & plus tyrannique, que celui d'une trop grande liberté. Les vrais esclaves chez les Romains & ailleurs, quand ils avoient le bonheur de rencontrer des maîtres doux & humains, étoient plus maîtres, plus contens au moins qu'eux. La liber-

opposé à l'Homme physique, 155
& à laquelle aspire M. R. est le regne des passions & des caprices, & par conséquent de l'esclavage de l'esprit & du cœur, qui est le plus terrible, & le seul vrai esclavage.

M. R. en veut fort au Despotisme : je ne le contredirai pas, si ce n'est dans les mauvaises & fausses attributions & applications qu'il en fait aux Gouvernemens les plus légitimes, les plus honnêtes, les plus doux. Mais lui personnellement & *ad hominem*, je le trouverois fort heureux d'avoir un maître immédiat, qui le contînt despotiquement dans les bornes de l'honnête liberté d'écrire avec décence, honneur, Religion & bon sens. Un frénétique est-il heureux d'avoir la liberté de se tuer & de tuer quelqu'un ?

M. R. a entrevû mes objections ou mes réponses. Il convient que les Peuples accoûtumés à la servitude en supportent tranquillement le joug, comme un cheval dressé se laisse brider & mener où l'on veut. Mais ce n'est pas par-là qu'il en faut juger, dit-il, quoique ce soit-là l'état ordinaire de tous les hommes de toutes les Nations. Et par où veut-il juger des hommes, si ce n'est par les hommes, & d'un État si ce n'est par les hommes mêmes de cet État ? Le voici : il veut qu'on juge de la liberté par la révolte, & de l'honnête liberté par le libertinage.

M. R. dit : Ce n'est donc pas par „ l'avilissement des Peuples asservis „ qu'il faut juger des dispositions na- „ turelles de l'homme pour ou contre „ la servitude, mais par les prodiges „ qu'ont fait tous les Peuples libres „ pour se garantir de l'oppression." Le mot de *prodiges* dont se sert ici M. R. le trahit. Il aime les choses fortes, les catastrophes, les révolutions, les excès en tout genre, comme les paradoxes en genre de littérature, & les licences en fait de liberté. Défions-nous-en.

Pur Sophisme de substituer le mot d'*oppression* à celui de *servitude*, comme de substituer celui de *servitude* au terme de *fidélité* ou d'*obéissance*. *Vir obediens loquetur victorias.* L'homme obéissant parlera victoires. M. R. n'aime pas celles-là. Il n'aime que les *prodiges* de la révolte la plus effrénée. Les Athéniens sont le Peuple, que cet amour de liberté vague & capricieuse, a le plus souvent révoltés contre leurs

République & leur liberté même. Les Spartiates gouvernés par un Roi, & même par deux, ne se sont presque jamais révoltés. Je suis, M. votre, &c.

XXVI. LETTRE.

A Bien prendre les choses, M. ce n'est le plus souvent que dans les Républiques trop libres, trop démocratiques, comme chez les Athéniens, qu'on trouve des tyrans, des oppresseurs, des Despotes au moins. Il est facile d'usurper une autorité vague, & qui flotte dans plusieurs têtes & dans plusieurs mains. Il s'y en trouve toûjours quelqu'une, qui tire tout à elle, & s'empare de tout. Un Monarque n'a point de complices ni de rivaux, qui lui aident, ou qui l'aiguillonnent à avoir plus d'autorité qu'il n'en a, l'ayant toute au gré de son ambition, s'il est ambitieux.

Non ; il n'est pas tenté de l'être. Il ne peut l'être que de jouir en paix de toute l'autorité qu'il a. Il a intérêt de bien gouverner & de laisser jouir son peuple de l'honnête liberté, qu'une autorité légitime laisse toûjours aux sujets fidéles & soumis. Les *prodiges* que vante M. R. ne sont jamais que des coups de main, par où une populace mutinée favorise un oppresseur secret, ou qui veut le devenir, contre celui qui ne l'est souvent qu'en imagination.

L'homme & les hommes sur-tout sont fait pour être gouvernés. Une Nation, un Etat ne représente jamais qu'une famille, dont le pere commun est le Chef naturel, toûjours représenté par le Prince, Roi, Doge, Statouder quelconque, soit héréditaire, soit électif selon l'usage dont le tems les a mis en possession. C'est un des malheurs auxquels la nature humaine est exposée, que quelqu'un de ces Maîtres Gouverneurs s'en acquitte mal, qu'il soit malhabile, inappliqué, méchant même. Cela est fâcheux, comme il est fâcheux d'être malade, de mourir, de souffrir. A cela, je ne vois que la patience.

M. R. n'y voit que la révolte, le coup de main, le bouleversement de l'Etat. C'est-là ce qu'il traite de *prodige*, & où il autorise les fanatiques les plus furieux, qui sous mille prétextes peu-

opposé à l'Homme physique. 257

ment à tout propos réclamer *per fas & nefas*, leur prétendue liberté, soit de mœurs, soit de Religion, soit de fortune. Le plus communément ce ne sont en effet que des prétextes & du fanatisme ; & pour un Prince tyran, qui se trouve en cinq ou six siécles, il se trouve de siécle en siécle des sujets fanatiques & des révoltés.

C'est l'esprit particulier, prétendu philosophe, que M. R. prêche ici en fait de Gouvernement, & de tout, comme dans sa Religion Calviniste & Républiquaine. Il est remarquable que depuis douze cens ans que la France a pris sa consistance d'Etat Royal & Monarchique, il ne se soit pas trouvé un Prince cruel ni méchant, la plûpart ayant été même spécialement bons, religieux & dignes fils aînés de l'Eglise, au lieu qu'il s'y est trouvé & retrouvé cent fois des Peuples Albigeois, Calvinistes, Ligueurs, Assassins des meilleurs de nos Rois, par ce principe exécrable des Peuples toûjours conservateurs de leur liberté, de leur droit de législation, & *toûjours armés* selon M. R. *contre leurs Conquérans.*

Encore, la liberté à laquelle aspire

M. R. n'étant qu'une liberté animale, ne mérite pas qu'un oiseau même en cage se révolte & rompe les barreaux de sa grille, pour se la procurer. Je défie cet Auteur de trouver chez les Jurisconsultes, les Théologiens, les Moralistes, les Philosophes, si ce n'est Physiciens, Matérialistes, une raison autre que de méchanique, qui autorise les hommes à se mettre ou remettre en possession d'une liberté idéale, où on ne vit que de gland & d'herbe, pêle mêle avec les animaux, sans aucune loi, devoir, ni sentiment de société, de filiation, de paternité, d'humanité en un mot.

M. R. part toujours de ce principe purement matérialiste, qu'un corps, astre ou pierre qui se meut en courbe autour d'un autre astre ou d'une main adroite, c'est-à-dire, tend à s'échapper par la tangente en ligne droite. Et encore, si ce principe, qui n'est qu'une tendance plutôt qu'un droit, avoit lieu dans le physique même, il en résulteroit la ruine de l'Univers, retombant tout de suite par-là dans la confusion, dans la discorde des élémens, dans le cahos primitif & *originaire*, si l'on

opposé à l'Homme physique. 159

veut, tel qu'il pouvoit être avant que Dieu dît: *fiat lux & fiat firmamentum.*

C'est la société subordonnée des esprits, des cœurs, des corps mêmes, qui fait la lumiere & le firmament de cet Univers, physique autant que moral & théologique. Dans l'ordre même des astres & des planétes, il y a toûjours un soleil ou une planéte principale, qui donne la loi à tout son tourbillon, malgré la tendance qu'elles ont toutes à devenir la principale, ou à s'en écarter. C'est dommage que M. R. soit Physicien jusques-là exclusivement. Il y a gens qu'il seroit mieux qui ignorassent tout, excepté leur catéchisme. Un demi Savant ne prêche jamais que l'ignorance.

Quelqu'un dans ce moment me suggere le passage qui vient ici fort à propos. *Et homo cùm in honore esset, non intellexit, comparatus est jumentis insipientibus, & similis factus est illis.* Je ne voulois pas en faire l'application. On me force de dire au moins que M. R. l'a faite lui-même, & de voir qu'ici il va la faire. C'en seroit trop dans une même lettre. Je suis M. votre, &c.

XXVII. LETTRE.

Monsieur R. la liberté que vous prêchez, n'est pas même celle dont on jouit à Genève, en Hollande, ni dans aucune République légitime, c'est-à-dire, légitimée par le tems de sa possession, qui a prescrit contre ses premiers Souverains. Quoi que vous en disiez, vous dites encore mieux, lorsque vous nous laissez sous-entendre, que vous n'avez pas pû vous accommoder de la liberté actuelle de votre Patrie, & que celle même dont vous jouissez en France avec nous & plus que nous, qui ne nous y donnons pas toutes ces licences, est la plus grande que vous ayez pû trouver dans l'Univers, vous qui avant que de naître, auriez choisi Genève, & qui vous obstinez de choisir Paris, sans doute pour nous importuner mieux de votre amitié mélancolique & atrabilaire, tant vous nous aimez jusqu'à la fureur.

Vous ne prêchez pas même la liberté des Sauvages, qui ne laissent pas de vivre en une assez bonne société de
Nation

Nation, de paternité au moins, de maternité, de filiation & de fraternité; Non non, vous ne voulez que du pêle mêle avec les animaux, & je n'oserois dire jusqu'à quel point vous le voulez, traitant d'avilissement tout ce qui n'est pas selon la pure nature, nature purement physique & corrompue, que vous traitez pourtant de perfection & même d'innocence. Je crois que si vous vous étiez trouvé à la place du grand Nabuchodonozor, réduit à brouter avec les bêtes, vous n'auriez comme lui levé les yeux au Ciel, que pour le remercier de vous avoir ennobli; au lieu qu'il le remercia de l'avoir humilié, en le priant de l'en relever, comme il arriva par la bonté de Dieu.

Vous en jugez encore ici, en nous blâmant de n'en pas juger de même, par des animaux, dites-vous; " nés li-
" bres & abhorrans la captivité, que
" vous voyez se casser la tête contre les
" barreaux de leur prison, par des mul-
" titudes de Sauvages tout nuds. " Ce sont toûjours vos termes, vos phrases, vos sentimens, votre philosophie, oüi
" tout nuds: qui méprisent les volup-
" tés Européennes, & bravent la faim,

« le feu, le fer & la mort, pour ne « conserver que leur indépendance. »

Pour le moins, cette fois-là, mon cher M. R. image de Dieu que vous êtes, image d'homme au moins, vous conviendrez que cette liberté de se casser la tête & de se noyer dans l'eau ou se martyriser dans le feu, est bêtise pure, folie, fureur, de mourir pour ne pas mourir, *ne moriare mori*, & de se rendre l'esclave du Démon en enfer, pour ne l'être pas de quelque honnête homme, fût-il tyran, dans un beau & bon pays comme est la France par exemple.

En vérité je n'ai jamais compris les Grecs mêmes, les Athéniens, beaucoup moins vous comprens-je, M. R. de nous vanter une liberté qu'on ne peut recouvrer qu'en se faisant bien du mal, en perissant même & en devenant l'esclave de cette prétendue liberté. Définissez-nous donc au moins une bonne fois cette liberté après laquelle vous courez. Où est-elle ? En quoi consiste-t-elle ? Faites-nous voir un Etat, un pays, un séjour où on la trouve? Vous nous faites voir des enragés, des furieux qui s'estropient, se tuent, se tourmentent, se consument

opposé à l'Homme physique. 163
en désirs, en faux frais, sans jamais pouvoir y arriver. C'est un enfer où il est vrai que les damnés se tourmentent à courir après le Paradis dans le feu qui les en brûle d'autant mieux.

Quelle folie ! Quelle fureur ! Enfin, enfin à la page 108. vous osez attaquer à visage découvert *l'autorité paternelle* que vous traitez de *despotisme* & d'*esprit féroce*. Mais voilà ce que je veux bien faire observer à vos Lecteurs & aux Lecteurs de tous les Auteurs qui depuis un tems crient en France contre le *despotisme* ; car M. R. n'est pas le seul, mais il est heureusement le moins précautionné de tous ceux qui calomnient les Gouvernemens les plus paternels & les plus légitimes.

Ils en veulent tous sous main, mais M. R. en veut ouvertement à l'autorité la plus paternelle, lorsqu'ils font semblant de n'en vouloir qu'au despotisme des Turcs ou des tyrans. Sur quoi je suis bien-aise de prendre l'occasion d'observer, que lorsque Cromwel voulut bouleverser l'Angleterre, y détruire la Monarchie & y extirper tout reste de Religion Catholique, il fit du despotisme un cri de guerre

O ij

qui gagna tous les esprits, tous les cœurs, & arma tous les bras contre le Roi le moins despote, le moins féroce, le plus doux, le plus paternel que l'Angleterre ait peut-être jamais eu.

M. R. grand Législateur à la façon du Peuple dont il maintient la législation & la révolte, dit *qu'au lieu de dire que la société civile dérive du pouvoir paternel, il falloit dire au contraire que c'est d'elle que ce pouvoir tire sa principale force.* Lorsqu'une étincelle de vérité se mêle au discours de M. R. encore trouve-t-il le moyen de l'éteindre, & de la convertir en fumée, capable de nous aveugler, après l'avoir aveuglé lui-même. Comment seroit-il Philosophe avec le peu de précision & de justesse, de réthorique même & de grammaire qui regne dans son discours ?

Jamais en morale on n'a dit, *que la société civile dérive du pouvoir paternel.* Ce n'est tout au plus qu'en Physique, qu'on pourroit dire honnêtement que le physique de la société civile, le nombre & la génération des enfans, suppôts de la société, dérive du pouvoir physique & de la faculté générale ve, &c. C'est le gouvernement de la société, qui dérive du pouvoir paternel.

Le raisonnement de M. R. n'est ici qu'un grand & pur sophisme, pour établir un principe évidemment faux. Il confond la société avec le pere de la société, & veut tirer de celle-ci le droit de celui-là, au lieu de tirer de celui-là le droit de celle-ci. Mais le droit de la société, ne peut par-là même être, comme j'ai dit, qu'un droit d'être gouvernée, & le droit actif du Gouvernement ne peut jamais résider que dans le Chef, Pere physique & Créateur de la société & de tous ses droits.

M. R. veut en termes très-équivalemment formels, que le Pere tire de ses enfans le droit de paternité, le droit d'être pere, au lieu qu'il est physiquement même évident que c'est du pere que les enfans tirent le droit d'être enfans. C'est comme si on vouloit dire que le droit du Gouverneur vient du Gouvernement, au lieu de dire que le Gouvernement vient du Gouverneur.

Le vrai fait est que le Pere, le Chef,

le Gouverneur sont tous antérieurs aux enfans, aux sujets, à la société, & qu'il y a bien du mauvais raisonnement à dériver la fontaine du ruisseau, au lieu de dériver le ruisseau de la fontaine. C'est éternellement le sophisme de M. R. Je suis M. votre très, &c.

XXVIII. LETTRE.

Monsieur, le pouvoir paternel existe évidemment avant le *pouvoir*, c'est-à-dire, le *devoir* filial. Car ce n'est que devoir dans ceux-ci, & ce n'est que pouvoir dans le pere & la mere ne faisants qu'un ; & cette unité-là, même de la société la plus primitive qu'il puisse y avoir hors de Dieu, est évidemment le modéle, la règle & le principe effectif de toute la société filialement paternelle.

Le Sophisme de M. R. est de nous représenter le pouvoir du pere & de la mere comme nul avant qu'il y ait des enfans. Or il n'est pas nul alors. Il est même alors dans toute sa force, puisqu'il est dans sa cause. Le pouvoir du pere & de la mere sur les enfans qu'ils

opposé à l'Homme physique. 167

n'ont pas, est d'autant plus grand, que c'est un pouvoir effectif, le pouvoir de les faire. Quand ils existent le pouvoir paternel est diminué en quelque sorte d'autant par leur existence désormais indépendante du pere & de la mere.

En rigueur cependant il n'est point diminué, & n'en est que plus explicite & plus actif, leur conservation étant toûjours une sorte de reproduction & de création. Et voilà le droit paternel dans toute sa force & dans tout son exercice. Il faut tant de tems avant que des enfans soient des hommes faits & des gouverneurs : & cette société naissante ou renaissante est bien éloignée de ratifier le droit de gouvernement & de législation, que M. R. veut lui donner sur la société paternelle & maternelle, ou paternelle tout court, que M. R. a l'imprudence de vouloir en dériver.

L'imprudence en est complette & contre tout droit de nature, physique autant que moral dans M. R. qui va jusqu'à dire qu'à un certain âge où les enfans n'ont plus besoin de leurs peres, ils leur doivent du respect non l'obéissance. M. R. va-t-il prêcher la désobéissance des enfans à leurs parens? C'est un terrible homme que M. R. il empoisonne & corrompt tout, la nature même la plus saine comme la plus corrompue, en traitant celle-ci d'innocente, & celle-là de corrompue.

Qu'est-ce donc que le respect filial si ce n'est de l'obéissance ? Dans l'Evangile J. C. réprouve formellement tout respect rendu aux parens par les enfans, lorsqu'il se borne à de simples honneurs de cérémonie & de formalité, & ne va pas jusqu'aux services les plus effectifs, à la déférence, à l'obéissance. Il est singulier que M. R. borne l'obéissance des enfans au besoin qu'ils ont de leurs parens, de manière que dès qu'ils n'ont plus besoin d'eux, ils ne doivent plus leur obéir en rien.

Mais si dans la première enfance ils doivent l'obéissance à leurs parens dans les seules choses sans doute qui concernent leurs besoins ; quoi, ne leur en doivent-ils point par reconnoissance dans les besoins que les parens peuvent avoir d'eux, de leurs services ? Ordinairement là où finissent les besoins des enfans commencent ceux des parens; & si à cause de ceux-là les enfans doivent

obéi-

obéir aux parens, à plus forte raison le doivent-ils lorsque les parens en ont besoin. Selon M. R. un enfant doit obéir à son pere pour aller prendre le pain que son pere lui donne: mais si le pere demandoit d'aller prendre ce pain & de le lui apporter à lui-même, l'enfant ne seroit point obligé de lui obéir. M. R. a beau vanter M. son pere ; je ne serois pas surpris d'apprendre, qu'en partant, il y a quinze ou vingt ans, de Genève, pour venir en France philosopher, il eût laissé sans pain & sans ressource pour en gagner, le bon homme, qui au lieu de lui apprendre & de faire lui-même son métier, lui a appris à philosopher de la sorte, d'après Plutarque, Tacite ou Grotius, qui pourroient encore l'en désavoüer.

Dieu ayant spécialement attaché le droit d'une longue vie, à l'honneur effectif des enfans envers leurs parens, il faut croire que ce n'est pas pour exempter plus long-tems les enfans du devoir d'obéissance envers leurs parens, qu'il leur promet cette longue vie.

Pour moi je crois éternel ce droit d'obéissance respectueuse & effective, comme l'obéissance des peres est un droit

P.

éternel de leur part envers Dieu, le Pere des peres.

Mais par malheur il faut raisonner aussi, car c'est-là que s'embrouille constamment M. R. La multitude des peres particuliers qui forment une grande société, une Nation, est un labyrinthe d'où ce fameux Philosophe ne peut se démêler. Il y a les peres communs & les peres particuliers. Il n'est pas douteux qu'en général il ne faille obéir à tous, au pere, au grand-pere, à l'ayeul, &c. & en même tems aux peres, grands-peres & ayeux, c'est-à-dire, aux Magistrats, Gouverneurs, Princes, Rois de toute la société nationale des sociétés. Et alors il est vrai que le pere général dispense quelquefois de l'obéissance aux peres particuliers, qui sont même censés obéis dans les choses où ils doivent obéir eux-mêmes aux peres communs, & y diriger l'obéissance personnelle que leur doivent leurs enfans.

Le pere de la patrie doit en tout tems être obéi préférablement aux peres des patriotes, parce qu'enfin c'est le pere des peres & des enfans. M. R. ne balance pas à changer le pouvoir paternel en despotisme qu'il traite même bientôt de tyrannie, pour peu qu'il soit poussé au-delà du besoin des enfans. Encore M. R. se pique-t-il quelquefois d'un peu d'avisement ou de ravissement.

Comme il sent après coup que tout ce qu'il dit tombe à plomb sur nos Rois, les meilleurs Rois qu'il y ait au monde, depuis au moins 1200 ans; vîte, il a soin d'y mettre un palliatif qui ne corrige rien. Il convient même que son Systême est odieux. Car il dit: « Ce Systême odieux est bien éloigné » d'être celui des sages & bons Monar- » ques, & surtout des Rois de France. Pour prouver cela il ne cite qu'un passage tiré d'un Edit de Louis le Grand, qu'on sait bien n'être pas le meilleur de nos Rois pour ceux de la Religion de M. R. depuis la Révocation sur-tout de l'Edit de Nantes.

Il insiste au reste fort peu ou point du tout sur l'Edit cité, & tout de suite il y reprend des forces pour revenir contre la Monarchie qu'il confond avec le despotisme & la tyrannie, contre l'autorité, la société, l'humanité, toutes choses contre lesquelles il s'escrime, comme on dit, à bras raccourci, & avec d'autant plus de confiance qu'il croit par cette prémunition d'un passage unique sans preuve ni discussions, s'être mis à couvert, contre la société, & l'autorité légitime, qu'il brave en face & sans aucun vrai ménagement. Je suis, M. votre, &c.

XXIX. LETTRE.

CE qu'il y a d'horrible, M. dans votre façon de Système sans façon, c'est que les peres auroient beau s'assujettir au pere commun de la société, vous combattez *pro aris & locis* en faveur des enfans rebelles qui naissent, selon vous, avec la pleine liberté de reclamer contre une servitude à laquelle leurs peres n'ont pû assujettir qu'eux-mêmes. M. R. soûtient toutes choses contradictoires, Les enfans, selon lui, ont droit aux biens de leurs peres au préjudice de ceux-ci, mais la servitude des peres envers le chef de la société, du Prince, du Magistrat, du Roi, n'est point héréditaire, selon lui.

Voilà l'horreur contradictoire. Que

le pere acquiere des biens, il acquiert pour ses enfans ses héritiers de droit rigoureux. Que le pere se soûmette au pere commun, au Roi, les enfans ont droit de se révolter. Ils ne sont héritiers que du bien pécuniaire. Ils ne le sont pas de la servitude; car c'est ainsi que cela s'appelle chez le nouveau Lycurgue. Les fils des esclaves ne sont pas esclaves, selon lui. Le pere ne l'est que de ses enfans. Les enfans ne le sont que d'eux-mêmes, étant sans doute nés librement comme M. R. avant que de naître à Genève.

M. R. ne laisse pas d'être conséquent. Les enfans naissent hommes originaires bêtes brutes & pures machines, selon lui, sans devoirs, sans sentimens, mais non sans besoins. Or leurs besoins sont des droits, d'indépendance pour eux, de servitude pour tous les autres, peres, meres, Rois, Princes & Magistrats. Si M. R. avoit assisté au contrat de la Nature avec nous, le jour que Dieu régla les droits respectifs, en disant: *Fiat lux*, & le second jour qu'il les ratifia, en disant: *Fiat firmamentum*, il nous auroit donné sept Soleils pour éclairer sept Planétes, qui n'en auroient pas eu besoin étant Soleils elles-mêmes sans besoin, dépendance ni servitude des unes ou des uns envers les autres. Car la société de toutes choses est un mal, & la liberté Epicurienne seule est un bien au gré de M. R.

Je demande à cet oracle universel, si les enfans en héritant des biens, héritent aussi des fiefs, hommages, redevances, dettes, corvées dont ces biens sont chargés entre les mains des peres? Eh mon Dieu, c'est un *pléonasme décidé* de demander cela à M. R. Je sais mon Rousseau par cœur, chez lui tous les cas sont décidés. Le pere, selon lui a été un sot de s'engager à payer ce tribut, cette dette, à cette servitude, à cet hommage. Le fils en est quitte par sa qualité de fils, puisqu'il est quitte même de toute obéissance à son pere propre & particulier, & à plus forte raison au pere commun. Les enfans doivent respecter le Testament de leur pere, mais non lui obéir, si ce n'est dans l'hérédité de leurs biens pécuniaires & physiques. Car c'est toûjours du physique, si ce n'est de la physique chez M. R.

Enfin en propres termes M. R. nous dit d'un ton ici moqueur, ailleurs

opposé à l'Homme physique. 175
amer, que „ *les Jurisconsultes* qui ont
„ gravement prononcé que l'enfant
„ d'un esclave naîtroit esclave, ont
„ décidé en d'autres termes qu'un hom-
„ me ne naîtroit pas homme. " Ce qu'il
y a de plaisant, c'est qu'absolument
c'est M. R. qui a gravement prononcé
dans tout son Livre qu'un homme ne
naissoit pas homme raisonnable, mais
animal & sauvage, sans société, sans
devoirs, &c.

Comme sans cesse M. R. repéte,
même en se contredisant, je suis bien
obligé de le répéter en le contredisant.
Il revient au contrat entre les Souverains, c'est-à-dire, il en parle de plus
en plus clair. Car il ne se répéte que
parce qu'il est timoré ou timide, du
reste scrupuleux, n'osant d'abord dire
tout ce qu'il pense, mais se reprochant
bientôt de n'avoir pas tout dit.

Il dit donc tout net ici, que le sujet
rentre dans tous les droits de sa liberté
sauvage & animale, physique enfin,
lorsque le Roi, le Prince, le Magistrat, le pere commun quelconque,
manque par des injustices ou des oppres-
sions au prétendu contrat de la société
avec son Chef. Ce contrat est une chi-

P iiij

mère, un titre de révolte ; s'il y a ici un contrat, c'est avec Dieu. Les sujets n'entrent dans ce contrat que comme sujets ; le contrat s'il y en a, est de Dieu au Prince, & du Prince à Dieu. Le Prince promet de bien gouverner, au jugement de Dieu : le sujet n'a que la soumission, la patience & la prière en partage.

Il y auroit trop d'inconvéniens pour les sujets même & pour la société, qu'ils eussent, qu'elle eût le jugement & la garantie d'un tel contrat. Toute multitude est *bellua multorum capitum*, encore telle bête n'a point de tête que son Chef, son Prince, ses Magistrats soumis au Prince, au Chef unique, fût-il Doge ou Stathouder.

Le peuple, les sujets, la société, n'ont que des bras, & il seroit horrible que des bras eussent droit de révolte contre la tête, dont ils sont les exécuteurs, mais non les Juges. Quand Dieu eut dit, *non est bonum hominem esse solum*, & qu'il lui donna Eve avec tout ce qui s'en-suit : c'est-à-dire, des enfans & toute une société analogue, il ne les donna que comme *adjutorium simile sibi*, comme compagnes & compagnons, *mulier quam dedisti mihi sociam*; mais jamais comme des têtes.

Car formellement dans l'endroit où Saint Paul parle le plus ferme en Jurisconsulte moraliste & théologien, il tranche toutes ces questions-là, en disant, *caput viri Christus, caput Christi Deus*, & tout de suite, *caput autem mulieris vir*, ce qui a fondé le proverbe de *la femme sans tête*. Car Saint Paul n'en donne point d'autre que l'homme, à la femme & à toute la société qui en dérive.

Quand les Juifs voulurent un Roi, encore eurent-ils la sagesse de le demander à Dieu & de le recevoir de sa main. Mais de quelque façon que le Peuple reçoive, où se donne un Roi, un Chef, c'est toûjours Dieu qui le lui donne, & sur-tout qui donne à ce Chef, à ce Roi toute son autorité, puisque, *omnis potestas à Deo*, & qu'absolument le Peuple n'a en effet d'autre autorité, d'autre droit que d'être gouverné.

C'est le Peuple qui se donne un Roi, un Chef, sans consulter Dieu, qui est un usurpateur, puisqu'il donne une autorité qu'il n'a pas, & qui ne peut venir que de Dieu ; le peuple n'a droit que de présenter. Dans la cause de la légitimité d'un Souverain, le Peuple n'est que partie & témoin tout au plus, & ne peut donc être juge ; il seroit juge dans sa propre cause. Je suis M. &c.

XXX. LETTRE.

Etablissons M. l'état de la question. Je suppose d'un côté un Roi tyran, cruel, usurpateur même & conquérant, si l'on veut : & d'un autre côté, un Peuple armé pour le déposséder & s'en délivrer. Jusques-là, je ne vois qu'un grand procès & deux parties qui plaident. Au Tribunal de qui, je le demande ? or je n'y vois d'autre Juge que Dieu.

Le sort des armes, la voie de fait n'est point une voie de droit. Dieu n'a jamais permis qu'on le consultât les armes à la main, tout Dieu des Armées qu'il est ; & il permet souvent à l'injustice de prévaloir ; je n'y vois en un mot que la patience, la fidélité, la soumission & la prière. Mais le Roi est cruel, me dit-on : mais le Peuple est mutin, dirai-je à mon tour. Qu'on décide entre deux ? Mais qui est-ce encore une fois qui décidera ? Encore ne vois-je que le Roi tranquille possesseur qui en ait l'autorité préalable, en attendant le jugement de Dieu, auquel on est bien obligé de s'en rapporter sur la plûpart des évènemens litigieux de cette vie, essentiellement équivoque & passagère.

La voie des armes & de fait ne peut être un jugement de droit ; il est trop à armes inégales. Dès qu'on en feroit l'affaire d'un coup de main, il est bien évident que le Prince coupable ou non coupable succomberoit toûjours, n'ayant qu'un bras, & ayant tous les bras contre lui. Ce feroit tenter Dieu, & lui demander un miracle, que de mettre le droit d'un Prince en litige par la voie des armes.

M. R. lui même traite de *prodiges* les coups de main par lesquels les Peuples ont souvent réclamé leur liberté sur les plus légitimes Souverains. Ces prodiges ne sont sûrement pas des miracles, même de bravoure. Ce sont même des lâchetés bien décidées, d'avoir triomphé d'un seul homme, par les fureurs de toute une Nation armée contre lui.

Le plus souvent cependant dans ces sortes de querelles, royales d'un côté, & nationales de l'autre ; le Roi lui-même, fût-il tyran, ayant ses Partisans & son Armée, il est bien évident que c'est alors la Nation contre la Nation, ce qui rend le prétendu droit national équivoque & le Jugement quelconque qui en résulte, encore plus litigieux.

Le Roi n'eût-il que dix mille hommes armés pour lui, contre cent mille hommes purement nationaux, qui veulent le destituer, ces dix mille hommes sont naturellement censés la plus noble & la plus saine partie, & devroient l'emporter au Tribunal de Dieu & des hommes, d'autant plus que les cent mille hommes ont toûjours à leur tête un Chef de révolte, qui peut tout aussi-bien être que le Roi un tyran, & ne peut être qu'un ambitieux & un rebelle décidé.

Il est donc démontré que M. R. habile homme d'ailleurs, si l'on veut, ne sachant pas un mot de théologie, de morale ; de physique même, n'en sait pas davantage de jurisprudence

opposé à l'Homme physique. 181

ce & de politique. Copendant, comme j'ai entrepris de réfuter M. R. dans tous ses points, j'irai jusqu'au bout de son discours, qui commence pourtant à m'ennuyer, autant que le mien peut l'ennuyer.

Je m'aguerris même peu à peu, à l'extrême aversion que j'ai de copier ces horreurs, pour me donner uniquement le droit de les réfuter. Comment M. R. a-t-il pû dire par maniere d'épiphonème contre le despotisme vrai ou calomnieux de toutes sortes de souverains Monarques & paternels, que l'é- „meute qui finit par étrangler ou dé- „thrôner un Sultan, est un acte aussi ju- „ridique que ceux par lesquels il dispo- „soit la veille, de la vie & des biens de „ses sujets. La seule force le maintenoit, „la seule force le renverse. Toutes ces „choses se passent ainsi selon l'ordre „naturel.‟

Oüi, voilà le naturel de M. R. de traiter d'acte juridique la violence des sujets, qui sans autre forme ni procès, étranglent un Sultan, qu'il leur plaît de traiter de tyran. Encore Cromwel, le scélérat Cromwel, mit-il un air de jugement & de forme juridique dans le *prodige* de sa révolte, en faveur de la prétendue liberté des Anglois, ou en faveur de son ambitieux fanatisme.

M. R. qui ose taxer d'ames sanguinaires ceux qui ont conseillé la révocation de l'Edit de Nantes, ou qui ont défendu l'Etat contre les attentats des Huguenots fanatiques, paroît bien plus sanguinaire, dans cette façon raisonnée, d'ériger l'étranglement d'un Sultan par ses sujets en acte juridique, ne mettant point de différence entre le jugement & l'exécution d'un jugement de mort, entre le Juge & le Bourreau. Je suis fâché qu'on ait dit qu'il ne manque à M. R. que l'adresse & l'hypocrisie d'un prédicant de révolte, d'un Cromwel. Oh, hypocrite ! M. R. ne l'est point du tout : il parle clair.

Me voici aux notes. L'Auteur dit „ l'homme est méchant..... cepen-„ dant l'homme est naturellement bon. „ Qu'est-ce donc qui peut l'avoir dé-„ pravé à ce point, sinon les change-„ mens survenus dans sa constitution?" M. R. paroît par-tout ignorer absolument la cause unique de la dépravation des hommes & de la corruption de notre nature d'abord innocente, c'est-à-dire, le péché d'Adam. Il remonte tou-

opposé à l'Homme physique. 285

jours au physique ; car il n'entend que cela par notre *constitution*. Or il n'y a eu que du moral, & du théologique même dans la désobéissance d'Adam. Je suppose que M. R. est baptisé & qu'il sait pourquoi.

M. R. veut que la société des hommes soit cause de toute leur dégradation. Encore l'Ecriture lui en donne-t-elle le démenti, le plus *ad hominem* qui puisse être. Car M. R. voulant que l'homme originaire & bête brute, en société d'abord avec les bêtes brutes seules, fût jusques-là dans l'état de nature pure & innocente, uniquement pervertie par la simple société avec les autres hommes, ignore que réellement le péché d'Adam n'est venu que de ce qu'Eve formée pour vivre en société avec Adam seul, entra en société de raisonnement, de philosophie & de théologie, avec les bêtes, avec la plus méchante de toutes, avec le serpent. C'est cela qui donne un démenti bien formel à M. R.

Le serpent étoit le démon sans doute, & n'en étoit pas moins bête pour cela, aux yeux d'Eve au moins, qui en fut pourtant la bête ce jour-là, tant les bêtes peuvent déniaiser les hommes, au dire de M. R. qui s'y connoît, comme on voit, mais ne se connoît point du tout aux hommes ni à leur marche depuis le premier instant de leur institution dans un beau jardin & non au pied d'un chêne, & à l'appétit d'un gland des forêts du Canada ; car je suppose que le premier fruit qui a tenté Eve, étoit *pulchrum visu, aspectuque delectabile*. Je suis, M. votre, &c.

XXXI. LETTRE.

Dans sa fantaisie d'ériger les hommes naturels en bêtes, on doit bien s'attendre à voir M. R. ériger les bêtes en hommes. Il est piqué de ce que les *Pongos*, les *Mandrills*, les *Orang-Outangs*, & bien d'autres espéces de singes, qui approchent beaucoup de la forme humaine extérieure, ont été déclarés pures bêtes par la plûpart des voyageurs qui en ont parlé ; & il dit que ce sont *les mêmes Etres, dont sous le nom de Faunes, de Satyres, de Sylvains, les Anciens faisoient des Divinités*. se croyant lui sans doute fort modéré

opposé à l'Homme physique. 185
modéré de prendre le milieu entre les Idolâtres & les bons Chrétiens, en faisant des hommes de ceux dont il n'ose faire des bêtes ni des Dieux.

Sur quoi il entre dans une grande dissertation contre les voyageurs qu'il réduit à quatre classes, les *Marins*, les *Marchands*, les *Soldats* & les *Missionnaires*. On croiroit qu'il est tenté de dégrader de l'humanité ces quatre espéces, par dépit de ce qu'elles en ont dégradé les singes ; Car, dit-il, „ on ne „ doit guéres s'attendre que les trois „ premieres classes fournissent de bons „ observateurs. "

M. R. leur fait tort, sur-tout aux Marins, aux Marchands mêmes. Nous leur devons la plûpart des observations d'histoire naturelle des Pays ou des Mers où ils ont navigué ou trafiqué. Nous devons nommément beaucoup de choses aux Hollandois & aux Anglois, aux François même & aux Danois: les Portugais & les Espagnols sont ceux à qui nous devons le plus, à cause même des Missionnaires qu'ils y ont toûjours associés aux simples Marins.

M. R. vient spécialement aux Missionnaires; car sur quoi ne veut-il pas

Q

dire son mot? Et on auroit bien deviné que c'est pour en venir à eux, qu'il met les trois autres espéces à quartier & à bas. Pour mettre mieux à bas & à quartier ces bons Missionnaires, il joue l'air plutôt que le jeu d'un bon homme lui-même neutre, impartial, & désintéressé. Il loue leur zèle & leur bonne intention, comme si on étoit fort flatté de tels éloges sans connoissance de cause.

Le bon homme du reste, bat les bonnes gens de son mieux 10. *Ils sont, dit-il, sujets à des préjugés d'Etat, comme tous les autres.* M. R. appelle préjugé d'Etat, le préjugé en faveur des hommes, contre les bêtes. Oh, oüi, l'humanité est un état pour des hommes, s'il ne l'est pas pour M. R. 2°. Les Missionnaires, selon lui, ne sont pas propres à des *recherches de pure curiosité*, qui les détourneroient *des travaux plus importans auxquels ils se destinent.* M. R. appelle des recherches de pure curiosité celles d'un Missionnaire qui veut s'assurer si le petit homme de Borneo est homme digne du Baptême, & d'être converti à l'Eglise & à Dieu. Personne n'a plus fait de recherches &

opposé à l'Homme physique. 187
de Dissertations sur ces singes hommes & sur tous leurs pareils, que les Missionnaires, qui s'y sont pris en Naturalistes, en Physiciens, en Anatomistes, en Historiens, en Moralistes, en Philosophes avant que de s'y prendre en Théologiens, en Apôtres.

Mais 3°. selon M. R. „ pour prêcher „ utilement l'Evangile il ne faut que du „ zèle, & Dieu donne le reste, mais „ pour étudier les hommes il faut des „ talens, &c. " Voilà une calomnie bien hardie de l'Eglise, des Apôtres, de la Religion, & de tout ce que l'Univers a de plus sacré. Oüi, M. R. a dû s'attendre que je la relèverois à visage découvert. M. R. ne vint à moi en arrivant à Paris, que parce qu'il me connoissoit à Genève même, me dit-il. Il m'a donc méconnu en me voyant. Mon air d'honnête-homme sans doute l'a trompé, comme l'air d'hommes bêtes des *Pongos* trompe, selon lui, ceux qui les voyent de près. *Major è longinquo reverentia*, sans doute, & *minuit præsentia famam*. Quoi ! l'Apostolat n'est pas un talent, une vocation donnée de Dieu même ? Quel orgueil ! quoi, le P. le Comte n'avoit point de talent même naturel ? Le P. d'Entrecolles, qui nous a si bien donné l'art de la porcelaine n'avoit point de talent ? M. R. ignore-t-il que ce sont deux bons Missionnaires qui ont découvert les sources du Nil, qu'Alexandre, César, Auguste, les Ptolomées, les Grecs, les Romains ont voulu découvrir en y faisant les plus grandes recherches, les plus grands frais. Ignore-t-il que ce sont deux ou trois bons Missionnaires, qui nous ont donné les Cartes de la Chine, de la Tartarie, du Thibet, & presque de toute l'Asie, de l'Afrique & de l'Amérique ; Cartes les plus détaillées & les plus exactes que nous ayons d'aucun Pays connu ; & qu'ils les ont données en Arpenteurs, en Astronomes, en Géométres, en Physiciens, en Naturalistes, en toutes sortes de genres de Philosophie, & de talens même naturels ?

Ignore-t-il que de bons Missionnaires ont non-seulement dressé, levé, mais fait la Carte autant terrestre que typographique du Paragai, de, &c. Et cela en politiques Religieux, & en Conquerant des Royaumes & des Empires aux Rois d'Espagne, de Portugal,

opposé à l'Homme physique. 189
de France, uniquement en les acquérant à l'Eglise & à J. C. Ce qui est une façon fort honnête & fort légitime de conquérir aux hommes en conquérant à J. C. & à Dieu. Pour le moins de tels Peuples ne restent point armés contre de tels Conquérans.

M. R. en veut aux Missionnaires, sur ce qu'en caractérisant les Peuples lointains, *ils ne disent que ce que chacun savoit déjà*, & „ de ce qu'ils n'ont
„ sû appercevoir à l'autre bout du
„ monde, que ce qu'il n'eût tenu qu'à
„ eux de remarquer, sans sortir de leur
„ rue; & que ces traits vrais qui distin-
„ guent les Nations, & qui frapent les
„ yeux, faits pour voir, ont presque
„ toûjours échapé à leurs yeux. De-là
„ est venu, dit M. R. ce bel adage de
„ morale, si rebatu par la tourbe phi-
„ losophesque, que les hommes sont
„ par-tout les mêmes; qu'ayant par-
„ tout les mêmes passions & les mê-
„ mes vices, il est assez inutile de
„ chercher à caractériser les différens
„ Peuples; ce qui est à peu près aussi
„ bien raisonné que si l'on disoit qu'on
„ ne sauroit distinguer Pierre d'avec
„ Jacques, parce qu'ils ont tous deux

un nez, une bouche & des yeux.

Un de nos bons & grands Rois, disoit obligeamment à un de ses Courtisans dont j'ai oublié le nom : un tel, je vous connois si fidéle à mon service, si attaché à ma personne, que je ne crois pas que rien pût vous en détacher. Je vous demande pardon, Sire, répondit le Courtisan, honnête-homme & loyal Serviteur. *Le mépris de votre Majesté me révolteroit à coup sûr.* Le piquant de M. R. c'est qu'il nous méprise, & nous parle avec une incivilité, une impolitesse, qui est l'antipode de notre caractère, même avec lui.

Qu'est-ce que M. R. pour mépriser ainsi tout ce qui nous regarde ? Pour le moins, sommes-nous aussi en société avec lui, l'image de Dieu, & il n'a pas droit de cracher sur cette image qui est en nous, non plus que nous crachons sur celle qui est en lui, quoiqu'il ne cesse de l'avilir, en avilissant la nôtre.

L'orgueil cynique est le péché capital du péché capital de l'orgueil ordinaire. Le crasseux Diogène, dans son tonneau plein de lie & d'ordure, méprisa plus Alexandre, qui l'y honoroit d'une visite, comme à la bête du jour, qu'Alexandre ne méprisoit l'Univers, Rois & Peuples à qui il imposoit silence par-tout, dans le sein de sa gloire, & dans tout le brillant de son courage victorieux & conquérant.

M. R. connoît fort bien tout le bas, le trivial, le suranné de notre langue, s'il n'en connoît point le noble, le fin & le gracieux. Ses *adages*, sa *tourbe philosophesque* sont dans une telle bouche, sous une telle plume d'un *méprisant* infini, de la part d'un Genévois, pour ne pas dire, d'un Savoisien helvétique. Soit dit en représailles, sans vouloir mépriser personne, non pas même cette personne-là.

Cette personne, ce grand personnage se croit philosophe, non de la *tourbe*, ni du commun, parce qu'il lui plaît à quatre ou cinq mille lieues de distance, de voir des hommes dans des *Pongos*, où d'honnêtes & habiles gens n'ont vû de très-près que des singes ou des bêtes ; & qu'il lui plaît aussi à la même distance, de ne voir que des bêtes, & là où les Missionnaires, & les Marins Marchands ou Soldats ont vû des hommes, tels qu'on les voit, *sans sortir de sa rue*.

Bien sûrement M. R. est malade; & s'il étoit permis de plaider pour lui auprès des grands Magistrats, qui pourroient enfin vouloir le réprimer, je me jetterois à leurs genoux, pour que ce ne fût point dans une maison de force, mais tout au plus dans quelque hôpital de convalescens ou d'incurables qu'il fût logé avec toute liberté, si ce n'est d'écrire, & avec toutes sortes de bien-aises de sa personne.

Il ignore cette chanson, qui a été trouvée pleine d'esprit de la part du P. L. S. J.

> *Un Voyageur qui court le monde*
> *Est un peu foible de cerveau,*
> *S'il croit dans la Machine ronde*
> *Voir quelque chose de nouveau.*
> *Qu'il parcoure la terre & l'onde,*
> *Après chaque jour il dira :*
> *C'est ici tout comme là, &c.*

Je suis donc, après ce trait de gayeté, pour vous égayer, M. & très-cher M. R. votre, &c.

XXXII.

XXXII. LETTRE.

Monsieur R. nos premiers Voyageurs, Missionnaires même, n'ont pas laissé de trouver de grandes différences dans les Peuples, comme dans les Pays qu'ils ont vûs loin d'ici, & ce sont des Philosophes, Missionnaires même en second & en révision de procès, qui ont prononcé qu'absolument ces Pays & ces Peuples ayant plantes, animaux & hommes avec le nez entre les deux yeux sur le visage, & les mêmes passions & caractères dans le cœur & dans l'esprit, c'étoit ici tout comme là, & là tout comme ici, des fils d'Adam, bons à baptiser & à rendre enfans de J. C.

Il y a même plus que cela dans la saine Philosophie des Missionnaires, des premiers même, c'est qu'avant que d'avoir vû ces Peuples, & dès en partant d'Europe, ils ont prévû qu'ils alloient trouver des hommes tout comme ici, puisqu'ils n'alloient que pour les convertir, & non pour convertir des singes, comme il plairoit à M. R.

qui d'ici les transforme en hommes.

Encore les bons Missionnaires sont-ils plus Philosophes que M. R. dans le genre même dont se mêle M. R. puisque de près comme de loin ils ont apperçu la plus grande différence qui puisse se trouver entre homme & homme, différence plus grande que celle de l'homme à la bête & au Pongo, savoir celle de bélial à J. C. & de la pure humanité corrompue au Christianisme ou à l'humanité réparée, c'est-à-dire, encore de l'image du démon à celle de Dieu.

Cette différence n'est-elle rien aux yeux d'un grand Philosophe comme M. R. qui se vante pourtant d'avoir *des yeux faits pour voir ?* Voyant ici tout comme là & là comme ici, des Pongos hommes & des hommes Pongos, & ne voyant que des bêtes par-tout. Chacun a ses yeux. Encore les bêtes ont-elles constamment de meilleurs yeux, voyant des hommes par-tout où il y en a & les respectant, au lieu que M. R. ne voit dans tous les hommes que des bêtes, & dans les bêtes que des hommes sans respect pour homme ni Dieu.

Tout franc, je ne suis plus flaté que

M. R. a cru autrefois voir de la Musique dans mon Clavessin oculaire. Il l'entendoit sans doute de notre Musique, qui n'est pas une Musique selon lui. Encore ne le prendrois-je pas pour juge de la simple diversité de mes couleurs. Il les prendroit toutes pour du jaune, couleur de bile noire.

Il y a, dit l'ingénieux M. de Fontenelle, des Horloges qui sonnent les heures, d'autres les quarts, demi-quarts, les minutes même, & d'autres qui marquent jusqu'aux secondes. Et il y a de même, dit cet Auteur, élégant & fin, il y a des esprits qui ne voyent que les gros objets qu'ils confondent même souvent comme l'homme avec la bête, & d'autres qui voyent les nuances les plus fines, les plus légéres différences. Plus cela est bien dit, plus M. R. le trouvera mal, parce que c'est de la science, de l'art, de l'Esprit qui perdent tout, selon lui. Une grosse bête qui hurle, qui brait, meugle ou hennit, est une pointe d'Epigramme pour lui.

M. R. dit : ,, Ne verra-t-on jamais
,, renaître ces tems heureux, où les
,, Peuples ne se mêloient point de phi-

« losopher, mais où les Platons, les
» Thalès, & les Pythagores épris d'un
» ardent desir de savoir, entreprenoient
» les plus grands voyages pour s'instrui-
» re, & alloient au loin secouer le
» joug des préjugés nationaux, ap-
» prendre à connoître les hommes, ac-
» quérir ces connoissances universelles
» qui sont la science commune des Sa-
» ges.

Quoi ! M. R. qui traite les Sciences de corruption, de peste, d'inhumanité, veut qu'on voyage pour les acquérir ! La liste des contradictions de M. R. avec lui-même, seroit un ouvrage précisément de la longueur de ses ouvrages. La liste de ses contradictions avec la Religion, les Sciences, les Arts, le bon sens même, seroit d'une longueur quadruple, à ce que je crois. Mais le voyage de M. R. de Genève à Paris n'est-il pas dans le goût des voyages de Pythagore ou de Platon ? Oui ou non, comme on voudra.

C'est en Egypte ou aux Indes que Pythagore apprit la Métempsycose des ames humaines dans les corps d'autres hommes après la mort des premiers. M. R. a appris à Paris que les ames des bêtes étoient déjà passées dans les corps des hommes qui y brillent le plus aujourd'hui. Le vrai de tout, c'est que M. R. étant venu de bonne foi, je crois, se signaler à Paris par ses talens au milieu ou à côté des talens qui y brillent à l'envi, y trouva gens qui lui mirent le marché si haut que désespérant d'y atteindre il trouva facile de les rabaisser jusqu'à lui, fort au-dessous même de lui, disant que tout cela, Arts & Sciences, n'étoit bon à rien, étoit même positivement mauvais.

M. R. rabaisse tout : sans oser nommer nos Rois, il les traite de „ *curieux* „ *magnifiques*, qui ont fait faire à „ grands frais des voyages en Orient „ avec des Savans & des Peintres pour „ y dessiner des masures, & déchifrer „ ou copier des inscriptions, &c. Voilà comme il traite les Rois, les Académies, les Tourneforts, les Sicards, &c. Grand Législateur, grand Potentat, voici un projet de sa façon.

Il voudroit que deux hommes bien „ amis, riches, l'un en argent, l'au-„ tre, en génie, tous deux aimant la „ gloire, & aspirant à l'immortalité, „ dont l'un sacrifie vingt mille écus

„ de son bien, & l'autre dix ans de sa
„ vie à un célebre voyage autour du
„ Monde pour y chercher non toûjours
„ des pierres & des plantes, mais
„ une fois les hommes & les mœurs,
„ & qui après tant de siécles employés
„ à mesurer & considérer la maison,
„ s'avisent enfin d'en vouloir connoî-
„ tre les habitans.

Il faudroit des volumes entiers pour tirer ce beau projet-là au clair du simple bon sens & de la raison: n'y eût-il que les vingt-mille écus & les dix ans que M. R. allie ensemble avec deux hommes seuls sans aides ni valets, & avec le tour du monde entier, pour connoître les hommes bêtes, les Pongos hommes qu'il imagine ; car des hommes, hommes tels qu'on les voit ici sans passer le ruisseau de sa rue, M. R. ne daigneroit pas y dépenser la cent millioniéme partie de millions qu'y ont réellement mis nos *Curieux magnifiques*, Rois pourtant, Princes & Empereurs, fort loüés pour avoir secondé par-là le zèle des Savans, des Artistes & des Apôtres même. Je suis, M. votre, &c.

XXXIII. LETTRE.

J'En demande pardon, M. aux habiles Hommes, aux gens d'esprit que vous me forcez ici de citer d'après vous, aux *Montesquieux*, aux *Diderot*, aux *Buffon*, aux *Duclos*, aux d'*Alembert*, &c. Puisque vous osez les citer comme gens à exécuter un projet aussi frivole que le vôtre, en manquant de respect à eux, & au Roi dont vous avilissez le projet & l'exécution des voyages au Pôle, à la Mer du Sud & cent autres qu'ils ont faits & exécutés chacun selon son talent reconnu & sa façon à laquelle on a applaudi.

C'est se donner un peu d'air en se mettant au-dessus des Rois, d'inviter des gens de qualité comme les Montesquieux & d'autres à l'exécution de tels projets, en ne les honorant que de la gloire d'y dépenser leur bien. Il est vrai que c'eût été manquer totalement de respect à un Montesquieu de lui présenter 20000. écus, & des gratifications & pensions d'une telle main. Comme M. de Montesquieu mon illustre & cher ami à la vie & à la mort, n'y est pas pour se défendre d'une telle invitation qui l'honoreroit peu, comme Savant & Homme de Lettres, M. R. ne doit pas se formaliser de me voir m'en formaliser pour lui moi-même; moi, dis-je, qui prétends bien m'honorer de l'honneur d'un tel ami.

Rien ne paroît plus puéril que ce projet de M. R. Il dit : „ Supposons „ que ces nouveaux Hercules de re- „ tour de ces courses mémorables fis- „ sent ensuite à loisir l'histoire naturel- „ le, morale & politique de ce qu'ils „ auroient vû, nous verrions nous- „ mêmes sortir un monde nouveau *de* „ *dessous leur plume* (un François, un „ bon Ecrivain diroit : *sortir de leur* „ *plume*) & nous apprendrions ainsi à „ connoître le nôtre. Je dis que quand „ de pareils Observateurs affirmeront „ d'un tel animal que c'est un homme, „ & d'un autre que c'est une bête, il „ faudra les en croire. Mais ce seroit „ une grande simplicité de s'en rappor- „ là-dessus à des Voyageurs *grossiers*, „ sur lesquels on seroit tenté quelque- „ fois de faire la même question qu'ils „ se mêlent de résoudre sur d'autres „ animaux.

Ceux qui n'ont pas lû M. R. ne m'en croiroient peut-être pas si je ne justifiois par ses propres paroles le but que je lui prête dans tout ceci, de ne vouloir connoître que des bêtes hommes ou des hommes bêtes, en y employant de préférence des Montesquieux, des Buffons, des Dalembert, des Diderot, &c. tous gens au-dessus de lui, & qu'il devoit respecter de plus d'une façon & pour plus d'une raison qu'il peut deviner.

Du reste, si ce dernier morceau qui est d'appareil & dans le grand de l'Auteur, est bien écrit, ce n'est pas au moins dans le noble, le décent & l'élégant. Je parle du style, car les idées ne présentent que bêtes hommes & hommes bêtes. Et ce qu'il faut remarquer, c'est que tout ce discours est la note même des Pongos déclarés bêtes par tous les Voyageurs, & qu'il s'entête seul de rappeller à ses hommes primitifs & originaires, *brutes* & *animaux*, selon sa propre expression, mille fois répétée dans son Discours.

Je ne veux, je ne dois rien dissimuler qui puisse disculper M. R. Je crois même en général que c'est son caractère d'esprit plutôt que celui de son cœur qui porte ainsi tout ce qu'il y a de plus respectable & de plus sacré aux conséquences extrêmes, les plus affreuses. Il attaque de bonne foi même, mais avec le même cœur & le même esprit, Locke, Hobbes & tous les Auteurs suspects d'Athéïsme ou de Déïsme, & nommément du renversement de la société, des mœurs & de la Religion.

Il rapporte donc fort au long un passage de Locke que je me dispense de copier, d'autant plus qu'il m'a paru assez sain quand je l'ai lû. M. R. a des yeux de Lynx pour y voir bien du mal. Locke y rend des raison philosophiques de la société des hommes & des animaux même. Mais ces raisons sont morales, & M. R. n'en veut que de physiques & de matérielles. Je disois d'abord en moi-même *Timeo Danaos, & dona ferentes.*

M. R. réprouve donc les raisons de Locke comme „ morales en matiére „ de Physique. Car, dit-il, quoiqu'il „ puisse être avantageux à l'espéce hu-„ maine que l'union de l'homme & de „ la femme soit permanente, il ne „ s'en-suit pas que cela ait été ainsi éta-

„ bli par la Nature. " On voit là d'abord que c'est au naturalisme purement physique que M. R. rapporte tout, l'humanité même & spécifiquement la naissance de l'homme & de la femme.

A plus forte raison donc en niant le moralisme de la naissance générative des hommes par Locke, M. R. en nie-t-il le théologisme de Moyse, que j'ai rapporté au commencement de tout ceci. Il y a des choses horribles dans tout cet article, qui est long. On y retrouve ces mots affreux. „ L'appétit „ satisfait, l'homme n'a plus besoin de „ telle femme, ni la femme de tel „ homme. Celui-ci n'a pas le moindre „ souci, ni peut-être la moindre idée „ de son action, l'un s'en va d'un côté, „ l'autre de l'autre, & il n'y a pas „ d'apparence qu'au bout de neuf mois „ ils ayent la mémoire de s'être connus. „ Car cette mémoire exige plus de „ progrès ou de corruption dans l'en-„ tendement humain, qu'on ne peut „ lui en supposer dans l'état d'animalité „ dont il s'agit ici. " Horreur, horreur des horreurs ! Eh mon Dieu, & mon Dieu ! vous êtes juste, mais je n'invoque ici que votre clémence, votre grande miséricorde pour mon cher ami M. R. votre image, & que vous avez réparée & rachetée de tout le Sang de votre Fils unique, Homme comme nous, Dieu comme vous.

Car je n'ai pas d'autre réfutation à faire d'un tel morceau, non plus que de celui-ci. „ Il n'y a donc dans l'hom-„ me aucune raison de rechercher la „ même femme, ni dans la femme „ aucune raison de rechercher le même „ homme. Le raisonnement de Locke „ tombe donc en ruine, & toute la dia-„ lectique de ce Philosophe ne l'a pas „ garanti de la faute que Hobbes & „ d'autres ont commise. " S'attendoit-on qu'après Locke, & sur-tout après Hobbes, il viendroit un soi disant Auteur, écrivant en François, qui à force de penser ou de parler plus mal, nous feroit sentir qu'encore ils avoient assez bien pensé ou parlé, sur bien des choses au moins. Je suis, M. votre, &c.

XXXIV. LETTRE.

Supofons, M. que dans votre Syfrême ou Hypothèfe, d'une pure nature phyfique de hazard, felon Epicure, ou de méchanique, felon Spinofa; l'homme & la femme par qui devoit fe faire la propagation humaine, fuffent nés, éclos ou jettés à mille lieues l'un de l'autre avec des mers ou des montagnes & des deferts impraticables entre deux: cet homme ou cette femme auroient donc vécu & feroient morts fans fe connoître, & le but de la nature auroit été manqué.

Vous pouvez répondre que vous ne connoiffez point de but dans la nature, & réellement vous n'en parlez nulle part, & beaucoup moins du but de fon Auteur, qu'on nomme Dieu, comme vous le favez; mais vous favez que vous n'avez pas dû le nommer & l'invoquer en vain: je loue votre franchife filentiaire & taciturne.

Vous me direz que comme la nature avoit produit cet homme & cette femme, elle auroit pû en reproduire d'autres aussi ou moins stériles que ceux-là. Vous pouvez dire encore qu'absolument la nature n'ayant point de but, elle auroit pû aussi ne produire homme & femme qu'une fois comme des monstres, ou les reproduire d'autres fois comme des champignons ou des mulets sans postérité.

Mais je puis vous dire aussi, car je me pique, comme vous savez, d'avoir l'esprit fécond en Hypothèses perdues, ou sans m'en piquer, j'en ai assez le talent d'en imaginer. Je puis donc vous dire qu'absolument il pouvoit dans votre Système naître un homme sans femme ou une femme sans homme, & alors l'appétit dont vous convenez trop, auroit été frustré, ou pour mieux & plus mal dire avec vous, il se seroit égaré dans cette foule d'animaux dont le pêle mêle ne vous épouvante pas.

Y ayant même homme & femme en nature, encore vous demanderai-je pourquoi le hazard ou le pur naturalisme les dirige cette fois-là l'un vers l'autre, d'autant qu'ils ont toute la société cynique ou épicurienne de se décliner, de s'oublier, & de se méprendre par conséquent au choix de l'objet de ce trop brutal appétit, sans idée, mémoire, ni jugement, ni discernement.

Dieu qui craignoit la méprise & ne la vouloit point du tout, fit plutôt un miracle nouveau, de tirer Eve de la côte d'Adam, de la lui présenter, de les présenter l'un à l'autre, & de les unir par le pressentiment (*non sensation*) de l'attachement physico-moral, théologique même, dont il vouloit positivement les unir, par ces mots *relinquet* & *adhærebit*; mots qui n'étoient pas des mots, mais de vrais sentimens, dans leur simple pressentiment, & un grand Sacrement, selon Saint Paul.

Si j'étois malin avec vous, j'ose vous dire M. R. que je me ferois fort de démontrer facilement en Géometre, que votre pensée secrette & trop articulée, va à rendre l'homme indifférent à la femme, & la femme à l'homme, sur l'article délicat de la propagation; & à prouver que la bête brute est aussi digne de la société d'Adam qu'Eve; & quand je dis Eve & Adam, je dis en général le premier homme & la premiere femme originaires, & par conséquent tout autre homme ou femme qui ait vécu depuis six mille ans, ou qui vive, ou qui vivra jamais en société d'humanité, ou souffrez ce mot, de *bestialité*, d'*animalité*, de *brutalité*.

Et non-seulement la bête femelle & l'homme femelle sont, selon votre système scandaleux, aussi indifférens à l'homme, mais la bête mâle & l'homme mâle, &c. Je n'ose m'expliquer plus ouvertement. Vous m'entendez & l'on m'entend. Oui, il n'y a que le style & la façon géométrique qui me manquent ici, mais qui ne me manqueroient pas, si je voulois, si j'osois, pour démontrer, comme j'ai dit, l'horreur des horreurs de votre système.

J'ose vous dire que le propre système de Spinosa ne va pas si loin, & qu'il n'y a qu'Epicure qui puisse vous excuser d'inconséquence, vis-à-vis de vos Philosophes, dont je n'en connois aucun d'assez hardi & d'assez peu prévoyant, pour pousser les conséquences aussi loin que vous les poussez, en face de l'Univers, de la France & de tout Paris, à qui vous manquez absolument de respect, bien plus en lui donnant l'Exemple & la leçon du mal, qu'en lui contestant son bien de Musique, de Sciences, d'Arts,

&

& de tout ce qu'il y a de mieux.

Vous me direz que ce ne font là que des hypothèses de votre part. Belles hypothèses, où vous commencez par admettre un homme naturel, purement physique, purement animal, purement corporel, que vous prétendez être l'homme en lui-même & dépouillé de la seule corruption de la société. En un mot, vous n'avez pas le moindre égard à la nature de l'ame, & votre homme n'a rien de moral. Vous en excluez même positivement le moral, en réfutant Lockes, Hobbes & par-tout ailleurs.

Votre homme est l'*homme de nature*, dites-vous. Or il est évidemment contre nature, & vous le faites aboutir à des vices contre nature, les plus décidés tels. Vous confondez les natures, les sexes comme les talens & les conditions. Vous rendez les sexes indifférens l'un pour l'autre, & sans aucune rélation de l'un à l'autre. Positivement vous ôtez les devoirs & les sentimens respectifs, ôtant formellement ceux qui de tout tems ont passé pour être les plus naturels, ceux de l'homme envers la femme, des peres envers les enfans, & réciproquement.

On n'a pas besoin de raisonner beaucoup avec vous, ni de deviner, ni d'être Géometre pour vous convaincre. Vous ne vous contentez pas de vos principes d'erreur : vous en articulez nettement toutes les conséquences. Par exemple, si quelqu'un en simple Logicien vouloit conclure, que vous ôtez les sentimens, puisque vous ôtez le moralisme, ou qu'un autre se donnât la peine de prouver que vous ôtez le moralisme, puisque vous ôtez tout sentiment, on diroit à l'un & à l'autre de s'épargner cette peine, & que vous ôtez distinctement, explicitement, tantôt l'un, tantôt l'autre, & presque toûjours les deux à la fois. Je suis M. votre très-humble, &c.

XXXV. LETTRE.

Monsieur, il n'y a que l'âme & l'esprit que vous n'osiez ôter si formellement à l'homme naturel, & ce n'est par maniere d'hypothese non articulée, mais par voie de fait trèsprécise. Je doute que vous parliez une seule fois de cette ame humaine. Il semble que vous n'osez la nommer, ni la proscrire, ni l'admettre. Mais positivement vous l'écartez toujours, en écartant les sentimens, les devoirs, le moralisme, & en ramenant tout au pur physique.

J'ose le dire, vous n'admettez évidemment dans l'homme naturel qu'une ame animale, sensitive, végétative; aussi ne voulez-vous ni charité, ni amitié, mais une simple pitié, pitié encore toute animale, toute pour soi, jamais pour autrui, si ce n'est de hazard & autant qu'elle est pour soi, ne reconnoissant dans la loi de la charité que le devoir *philosophesque* de la nature physique, de ne rien faire de superflu, *natura nihil facit frustrà*, de ne pas faire *per plura quod potest fieri per pauciora*, de ne pas plus incommoder autrui, qu'il ne le faut pour s'accommoder soi-même. C'est de vous encore ce principe, que la bête est notre prochain autant que l'homme, en raison directe ou réciproque de la pitié que nous avons des souffrances de l'un ou de l'autre.

Et de ce seul article de la bête déclarée comme l'homme ou la femme, notre vrai prochain, il seroit bien facile de conclure ce que du reste vous insinuez assez directement, que la diversité, non-seulement des sexes, mais des genres & des espéces n'en met aucune dans la légitimité naturelle de nos appétits aveugles, distraits, oublieux, indifférens, les plus brutaux, & par-là même distraits & aveugles, parce qu'ils sont brutaux, ou même brutaux parce qu'ils sont distraits, &c.

Car tous les principes & les conséquences d'erreur, d'horreur, de brutalité, se convertissent chez vous facilement les uns aux autres, parce que vous articulez les deux assez souvent, & que vous les supposez & indiquez toûjours, tantôt en principe, tantôt en conséquence, & cela par l'âpreté que vous avez de ne vouloir jamais être contredit, de n'en avoir jamais le démenti, & d'avancer plutôt cent erreurs, que d'en retracter une seule.

Vous seriez un furieux hérésiarque, si Dieu vous avoit fait la grace de n'être que cela. Vous pouviez n'être que Calviniste, lorsque vous êtes sorti de Ge-

opposé à l'Homme physique.

sève. Encore ne sait-on pourquoi vous en êtes sorti. Mais comme en chemin on vous a contredit sur ceci, sur cela, sur bien des choses, Musique, Arts, Sciences de toutes les sortes, votre hérésie étant universelle, vous avez accumulé un monceau de sophismes & d'erreurs, qui fait un *maximum* d'hérésie = à l'athéisme plein c. q. f. d.

Excusez ce petit échantillon de notre style géométrico-algébrique, dont je ne prétends nullement vous menacer par-là : je n'en ai pas besoin, je vous l'ai dit: & ce mot n'est que pour égayer la matiere, si c'est l'égayer, que d'y jetter de l'algébre. Tout style est bon, fût-ce celui de la grammaire, pour réfuter une universalité d'hérésie. Il n'y a que le géométrique, ou même aussi le théologique, qui seroient superflus & de simple gayeté, pour dire que comme vous, on parle de tout, contre vous, qui attaquez tout.

Auriez-vous parlé de géométrie quelque part ? car je n'ai pas lû toutes vos brochures, non pas même la premiere, ayant sû que l'Académie de Dijon avoit honte de l'avoir couronnée, & un grand Prince de l'avoir réfutée. Car, du reste, si vous avez parlé de géométrie, je suis bien persuadé que vous l'avez blasphémée, vilipendée & honnie à bon escient, selon votre détermination d'aboyer la Lune, fût-ce le Soleil, & à plus forte raison le Soleil. *Visaque canes ululare*, &c.

Vers la fin de son livre & de ses notes, M. R. qui vient d'attaquer, de saper tout, s'avise de dire à propos de l'article des langues, „ ce n'est pas à „ moi (*pauvre agneau*) qu'on permet „ d'attaquer les erreurs vulgaires, & le „ Peuple lettré. (*Le Peuple* lettré! Oh, „ que M. R. est méprisant!) respecte „ trop ses préjugés, pour supporter pa- „ tiemment mes prétendus paradoxes. „ Laissons donc parler les gens à qui „ l'on n'a pas fait un crime d'oser pren- „ dre quelquefois le parti de la raison, „ contre l'avis de la multitude. "

Ce que M. R. dit là, eut été bien dit au commencement de son livre & à la place de son livre. Il convient qu'il n'auroit pas dû parler, lorsqu'il a dit ce qu'il vouloit dire. Il appelle *Peuple lettré* ceux qu'il devroit respecter comme ses maîtres. Il traite de préjugés la Religion, le Gouvernement, la Juris prudence, la Morale, la Théologie, l'Ecriture, l'Humanité, la Société, toutes les Sciences, tous les Arts, les Académies, les Universités, les Collèges, les Princes, les Papes, les Rois. J'ai une idée confuse qu'il va jusqu'à blâmer distinctément Messieurs de la Condamine & Maupertuis, je leur en fais compliment, de ce qu'ils ont voyagé au loin, pour n'obéir qu'au Roi, en mesurant en Astronomes, en Géographes, en Géomètres les degrés respectifs du Pole & de l'Equateur. Les Sauvages en effet n'ont pas besoin de cela.

Je suis surpris qu'en preuve de son humeur sauvage, il n'ait pas dit, que les Sauvages, au milieu desquels on a pris toutes ces mesures, s'en sont moqués, & de nos lunettes, & de nos quarts de cercle, de nos graphomètres, de nos cordeaux, compas, calculs, &c. Grande preuve de belle nature sauvage, si un Sauvage en avoit seulement souri vis-à-vis du grave sérieux de ces Messieurs-là. Je suis M. votre très, &c.

XXXVI. LETTRE.

Voici pourtant, M. un raisonnement, par où je démontre le pur matérialisme du vôtre, mais sans géométrie, *& ad hominem*. Les anciens Philosophes les plus Chrétiens, tirants la matiere de la Puissance de Dieu, par voie de création tiroient les ames des bêtes, *per eductionem*, de la puissance de la matiere, faisant les ames des bêtes, non pas matiere, mais *matérielles*. Je ne crois pas que vous désavouyez ce sentiment : vous le supposez partout, mais non pas avec les correctifs de ces Philosophes Chrétiens, que vous auriez peut-être cités, si vous ne vous croïez auteur de tous vos sentimens, qui sont pourtant surannés depuis Spinosa, Straton même & Epicure.

En un mot, Malebranche disoit, *donnez-moi de la matiere & du mouvement, je ferai un monde*. Vous ne demandez, je crois, que de la matiere, pour en faire un animal parfait, & bientôt, par dégradation, un homme. Oüi, le plus fort & le parfait est fait, lorsque

opposé à l'Homme physique. 217

lorsque par la seule puissance ou *potentialité* de la matiere, la nature pure, physique, méchanique, organique, en fait un animal, fût ce un âne ou un butor.

Je sais la marche de tout ce raisonnement-là. Au besoin, la matiere est éternelle & infinie, selon Descartes même. Pour le mouvement, on l'a trouvé, depuis Malebranche, essentiel à la matiere, comme Epicure & Spinosa même, & peut être Bayle aussi l'avoient prévû. Et voila le progrès de votre raisonnement, moitié tout haut, moitié tout bas. De la matiere, sort le mouvement physique ; du mouvement, du physique, résulte le méchanique ; le méchanique engendre l'organique ; l'organique produit l'animal vivant, & l'animal produit le raisonnable, l'homme, qui ne vaut pas grand chose, selon vous, parce qu'absolument, le raisonnable, l'homme, produit le fidéle, le Chrétien, le sujet, le Savant, d'où résulte le Divin, qui est le *conglobat*, comme on dit, de toutes ces choses-là. Car, *Jupiter est quodcumque vides, quòcumque,* &c.

Ou je n'entens rien en raisonnement,

T

en philosophie, en géométrie, ou ce raisonnement est le vôtre, moitié tacite, moitié articulé, articulé même dans ce qu'il a de plus dangereux. Car l'orgueil philosophique produit la liberté physique d'esprit & de cœur, la liberté produit le déisme moral, qui enfin produit l'athéisme théologique ou tout anti-théologique, & purement matérialiste.

Je suis trop naïf dans ma façon, pour ne pas vous avouer, M. R. qu'en vous parlant assez librement, *ad hominem*, je parle *ab homine ad hominem*, comme je crois pouvoir le dire. Oui, je le prétens bien, que votre réfutation soit mon apologie. C'est ma profession de foi que je fais, en analisant la vôtre.

Vous vous plaignez après avoir parlé longuement & tout à votre aise, avec toute la liberté & la licence possibles, vous vous plaignez que *ce n'est pas à vous qu'on permet de parler*. Et moi, qui, par pure raison d'œconomie, & pour ne pas heurter de vrais préjugés, ai trouvé à propos de surseoir à mes ouvrages en grand nombre, depuis quinze ou vingt ans, & qui affecte de me taire totalement, depuis huit ou dix ans, en si beau sujet de parler depuis que vous parlez, je ne me plains de rien, si ce n'est peut-être de ma trop grande circonspection vis-à-vis de vous, & d'un petit nombre de vos pareils, plus précautionnés que vous cependant.

Je ne le dissimule pas : c'est l'air seul de nouveauté dont on m'accuse un peu, qui m'a sagement imposé à moi-même, imposé une sorte de silence, depuis à peu près vingt-cinq ans que mon clavessin nommément m'a donné ce grand renom, renom, je l'avoue, odieux de nouveauté, de système, d'imagination. Cependant cette nouveauté-là & toutes mes nouveautés sont très-innocentes & de pure spéculation philosophique, physique même & géométrique.

Toutes vos nouveautés prétendues, détruisent directement les Arts, les Sciences, le Gouvernement, les mœurs, la Religion, & enfin la société & l'humanité toute entière, & par conséquent la Divinité. Et après avoir tant parlé, vous vous plaignez que ce n'est pas à vous, *qu'on permet de parler*. et moi

T ij

qu'on tient comme en arrêt, vis-à-vis de mon clavessin & de mes ouvrages, en me disant pourtant toûjours de faire & d'imprimer; je ne me plains de rien : mais j'observe,

1°. Que mes nouveautés, mes ouvrages, mon clavessin ne sont nouveautés, qu'en addition aux Sciences, aux Arts, à l'ancienne Musique. Je n'anéantis pas notre Musique, la Musique ordinaire, l'auriculaire. Je double la Musique, en la rendant en même tems auriculaire & oculaire ; & quand je ne réussirois pas, prenez, dirois-je, que je n'ai rien dit. La Musique ordinaire n'en est pas de pire condition. Je n'ôte à personne ses oreilles ; je donne même à tout le monde des yeux, pour entendre & goûter la Musique. Les sourds pourront voir la Musique auriculaire ; Les aveugles pourront entendre la Musique oculaire ; & ceux qui auront yeux & oreilles, jouiront mieux de chacune, en jouissant des deux.

2°. J'ai procédé régulièrement & en bon citoyen. Je n'inventai mon clavessin, qu'après avoir applaudi aux découvertes de M. Rameau, & en avoir mis le Public en possession. Ma nouvelle Musique ne fut qu'une confirmation & un complement, un *à fortiori*, un redoublement de l'ancienne Musique. Je suis fâché d'honorer peu M. R, en me comparant à lui, ou en le comparant à moi. Je lui en demande sincèrement pardon, en me le demandant à moi-même. Son premier ouvrage détruit les Sciences & les Arts. Son second détruit spécialement la Musique. Son troisiéme détruit tout, jusqu'à la matiere premiere du Gouvernement, de la Religion, des mœurs, de la société, de l'humanité. J'ai peut-être aussi intérêt qu'il fasse un peu d'ombre à mon petit tableau ou à mon portrait. Je vous en remercie M. & suis votre très, &c.

XXXVII. LETTRE.

Sans parler davantage M. de mon clavessin, pour vous faire sentir le peu de droit que vous avez de vous plaindre du Public, dont le respect seul auroit dû vous empêcher de tant parler de vos nouveautés, qui lui sont contraires, je puis vous faire observer qu'en physique, mes nouveautés n'ont jamais été qu'en accroissement de bénéfice pour ce Public, & pour la physique ordinaire.

Je n'ai jamais entrepris de détruire Descartes : personne ne l'a réellement plus vanté & plus fait valoir que moi ; mais je lui ai associé mille bonnes choses, qui sont dans Aristote & dans Newton. & en réfutant même Newton, j'en ai vanté la personne & fait valoir le mérite réel. J'ai tout concilié, pour y ajouter quelques points de vue assez nouveaux, qui font briller les leurs. J'ai remis la physique en possession de bien de ses richesses anciennes, en lui en prêtant de nouvelles.

Dans ma mathématique sur-tout, je n'ai privé le Public d'aucune de ses anciennes possessions; j'ai ajouté quelques vérités à celles de la géométrie. Le style facile que j'y ai introduit, & qui a révolté d'abord quelques Géomètres, n'a fait que rendre cette science plus populaire, & multiplier le nombre des Géomètres. L'algèbre nommément & l'analyse de l'infini même, n'a reçu que des accroissemens de vérité, de clarté, de facilité de ma part.

opposé à l'Homme physique. 223

Et voilà comme il est permis d'inventer & de donner du neuf en surabondance de l'ancien dont nous sommes déja en possession. Vous M. R. vous nous ôtez tout l'ancien, les Sciences, les Arts, la Musique, la Société, la Religion, l'humanité, pour nous faire des hommes bêtes, des Pongos hommes, & de vrais singes, dont vous vous divertissez en grand Seigneur. Les Rois mêmes sont vos joujoux, vos bouffons, *& tyranni ridiculi ejus erunt*, dit quelque Prophète, en parlant, non de M. R. mais de Dieu, si je m'en souviens, car je retiens mieux les choses que je lis, que les dates que je ne lis guères.

C'est sur-tout à la note 2, page 194. qu'on sent bien l'espéce de chicane que M. R. a dans l'esprit, & qu'il prête à tous les sujets à quoi il touche, pour les salir, sans pouvoir être de l'avis de personne, ni de lui même. Il dit que Platon se moque de ceux qui prétendoient que „ Palamede avoit „ inventé les nombres au siége de „ Troyes, comme si, dit ce Philoso„ phe, Agamemnon eût pû ignorer „ jusques-là, combien il avoit de jam-

T iiij

» bes. " C'est dommage que Platon ne soit-là qu'un sophiste, parce qu'en voilà assez pour autoriser trente sophismes de M. R. Palamede avoit inventé l'art des nombres, l'arithmétique, l'art de nombrer, de compter, de calculer.

Du reste, Platon vouloit ramener cet art au naturel, & à la grande facilité qu'il y a de s'y initier par les nombres usuels, que la nature nous met par-tout sous les yeux. C'est dans cet art naturel, que M. R. méconnoît Palamede & Platon, sans parler de moi, qui ai fait de l'arithmétique un art fort simple, fort naturel, fort facile.

Terrible esprit de contradiction, que M. R. porte par-tout ! Il ne tient pas à lui, qu'il ne nous rende l'aritmétique & la simple numération, tout ce qu'il y a au monde de plus difficile, sans doute pour nous en rebuter & nous tenir toûjours dans notre état originaire de Pongos, hommes bêtes ; car il est au moins conséquent, ce qui est facile à un homme qui aboye toute vérité.

M. R. est homme d'esprit & habile

opposé à l'Homme physique. 225

homme : on l'avoit crû jusqu'ici. Mais il faut que tout ce qu'il a appris, sa langue même lui ait coûté beaucoup de tems, de mémoire ou d'effort d'esprit, ou bien qu'il suppose en effet les plus gens d'esprit bien bêtes, & pis que singes & Pongos. Car à tout, il imagine qu'il a fallu des tems infinis pour y arriver & pour inventer.

Il convient pourtant „ qu'il est aisé „ d'expliquer le sens des nombres, & „ d'exciter les idées que ces noms re„présentent : mais pour les inventer, „ dit-il, il fallut avant que de concevoir „ ces mêmes idées, s'être, pour ainsi „ dire, familiarisé avec les méditations „ philosophiques, s'être exercé à con„sidérer les êtres par leur seule essence; „ abstraction très-pénible, très-méta„physique, très-peu naturelle. "

Si j'égoïse un peu & me cite humblement, & pour me dédommager un peu du vis-à-vis de M. R. c'est qu'effectivement je le trouve toûjours en une contradiction spéciale avec moi, avec mes ouvrages & avec toute ma façon de penser. Mon propre plan de tout tems a été d'*aggrandir les arts* & l'esprit humain, selon M. de Voltaire même „

de donner de l'esprit à tout le monde, de faciliter tout, l'invention même de toutes choses. Il a été un moment, où en arrivant à Paris, M. R. m'en fit le compliment honnête & flatteur.

Son procédé d'aujourd'hui me flatte un peu plus. Je m'honore en le réfutant; & il sera dit qu'il n'a pû détruire Arts & Sciences, Religion ni humanité sans me détruire, sans m'attaquer par-tout assez ouvertement. Je dirai plus : M. R. a eu ci-devant des partisans, des Panégyristes, secrets & publics. J'en ai toûjours en secret au moins ressenti le contre-coup ou le revers de leurs éloges affectés; & si j'ai des ennemis en petit nombre, ils se sont constamment déclarés pour M. R. je ne suis pas le seul qui en ai ri, je m'attendois bien que M. R. porteroit la contradiction à une évidence dont je pourrois me prévaloir à mon tour, comme il m'est arrivé pour d'autres que je pourrois citer.

Enfin pour la simple numération il faut, selon M. R. bien du tems & *des méditations philosophiques, très-métaphysiques, très-abstraites, très-peu naturelles*, non pour dire nombre, dixaine, centaine, &c. mais pour dire 1. 2. 3. 4. 5. &c. Voici ce que M. R. appelle un raisonnement, une méditation, & que j'appelle tout simplement un raisonnement de M. R. il dit :

„ Un Sauvage pouvoit considerer
„ séparément sa jambe droite & sa jam-
„ be gauche, ou les regarder ensemble
„ sous l'idée indivisible d'un couple sans
„ jamais penser qu'il en avoit deux.
„ Car autre chose est l'idée représenta-
„ tive qui nous peint un objet, & au-
„ tre chose l'idée numérique qui le dé-
„ termine : moins encore pouvoit-il
„ calculer jusqu'à cinq, & quoiqu'en
„ appliquant les mains l'une sur l'autre,
&c. Je suis, M. votre, &c.

XXXVIII. LETTRE.

Monsieur, on n'a point trouvé jusqu'ici de moyen plus facile pour initier les enfans même dans la numération que les 5. & les 10. doigts de nos mains. Point, M. vous trouvez encore le nombre 2. difficile à qui connoît *le couple* de ses jambes ; pour le simple plaisir, je crois d'y contredire

Platon comme moi qui trouve tout facile jusqu'au million de million que je n'ai nulle mauvaise humeur de n'avoir pas. Car tout franc, je crois que la difficulté de calculer à plein, vous donne de l'humeur contre l'art de *calculer à vuide*, comme dit M. de Voltaire.

Ceux au reste qui spécialement opposent votre style au mien en fait de Musique, je les renvoye pour mon apologie au *couple* précédent, à la phrase entiere, & à cent autres locutions d'appareil & de raisonnement qui sont dans tout ce Livre, & dans celui de la Musique nommément qui brille par les injures, les sarcasmes, les incivilités dont vous nous donnez le modéle d'un style jusqu'ici décidé non François. Car notre Langue est spécialement polie & douce, pour la Musique même, où nos bons Auteurs ont bien sçu la rendre noble & énergique à propos de Louis le Grand & des plus grands sujets, traités par Corneille, Racine, Pelisson, Bossuet, Bourdaloue, Quinaut, &c.

C'est la note 13. qui mérite un bon correctif aux chicannes de l'Auteur. Il triomphe de quelques Historiettes, qu'il raconte d'après les Gazettes ou

opposé à l'Homme physique. 229

Journaux, de quelques Sauvages qu'on n'a pû apprivoiser à nos façons Européennes, ni à notre bien être, ni à notre société, arts, sciences, goûts, délices même quoiqu'on les ait apprivoisés par milliers, de bonne foi & à demeure à notre sainte Religion & aux mœurs chrétiennes, sinon à nos mœurs en général.

Encore M. R. ignore-t-il tous ses avantages, & la mine inépuisable de chicannes que je veux lui ouvrir, tant j'y vais de bonne foi avec lui & avec le Public. Non seulement on n'a point apprivoisé les Sauvages à nos mœurs, usages & façons, goûts & dégoûts, délices & amertumes ; non seulement ceux qu'on y a apprivoisés pour un tems, s'en sont désabusés; mais beaucoup de François, & sur-tout d'Anglois, se sont librement jettés dans la vie sauvage, & se sont faits à demeure Caffres, Lappons, Iroquois, Hurons, Abenaquis, Miamis, Illinois.

L'Acadie est encore pleine de François, d'Anglois même qui y vivent à la sauvage, mais en société libre, souvent libertine, & souvent aussi en Chrétiens. Nos usages, nos goûts, nos délices sont choses assez frivoles, & qu'on peut remplacer par d'autres goûts, délices & usages de tempérament ou d'habitude en vûe même d'une assez honnête liberté. Est-ce que tous les Peuples de l'Europe s'astreignent à nos goûts & à nos façons au préjudice des leurs ? Tout cela est arbitraire & dépend beaucoup de l'éducation.

Mais la société de pere, mere, enfans, parens, amis, voisins n'a rien d'arbitraire & est de la premiere comme de la seconde & derniere institution de la nature. Les besoins, les sentimens rendent au bout de l'Univers cette société-là indissoluble & de tous les goûts. Parmi nous-mêmes & jusques dans la même maison, entre freres, parens & amis, le goût, les délices de l'un ne sont pas ceux ou celles des autres. Et M. R. raisonne fort mal en concluant d'un goût factice à un goût de besoin & de nécessité naturelle.

Le goût de la Religion, si c'est un goût, est dans le même cas que celui de la société : il est même au-dessus, puisqu'on renonce à la société même & à la parenté pour suivre la Religion lorsqu'on la connoît bien. Témoins les

opposé à l'Homme physique. 231

Solitaires de la Thébaïde, &c. Et preuve de la frivolité de nos goûts, c'est que le Sauvage les méprise; & en même tems preuve de la solidité de notre sainte Religion, c'est que le Sauvage s'y rend & y persevere aux dépens de ses propres goûts, & même de sa société sauvage la plus naturelle.

En Canada & dans toute l'Amérique, on voit des sociétés de Sauvages rassemblés autour d'une Eglise, d'une Chapelle, d'un Missionnaire, qui en fait à la vie & à la mort de fervens Chrétiens. M. R. a beau faire le Stoïcien & déclamer contre nos goûts & nos délices. Il faut qu'il y tienne bien par le cœur, pour trouver tant d'héroïsme dans les Sauvages à les mépriser. Si son cœur tenoit de même à la Religion & à la société simplement humaine, il trouveroit un bien plus vrai héroïsme dans la préférence que leur donnent les Sauvages sur leurs goûts les plus naturels.

C'est la gloire de la Religion, de triompher des esprits & des cœurs, & des goûts & des sentimens, dont aucun motif humain ne peut d'ailleurs triompher. Il n'y a qu'elle, qui ait des motifs victorieux de la chair & du sang, pour forcer pere & mere à renoncer à leurs enfans, & les enfans à renoncer à pere & mere, & à tout ce qu'il y a de plus cher & de plus délicieux.

Les Missionnaires n'ont pû absolument détacher les Sauvages de la vie sauvage, c'est-à-dire, peu riche, peu commode, peu aisée, & du reste ni savante ni artiste. Ils en ont pourtant quelquefois fait des Peuplades, des Villages, des Villes : au Paraguai même, des Provinces & des Empires. Les Missionnaires ne se sont pas même souvent piqués de trop civiliser les Sauvages, de les trop policer, de les trop mettre à leur aise, de leur apprendre nos Sciences; de leur montrer nos Arts, dont ils pourroient abuser, comme on en abuse souvent ici, & dont absolument on peut se passer pour vivre, & sur-tout pour gagner le Ciel, qui est l'essentiel, & comme la somme & plus que la somme de tous nos biens temporels.

Car, si M. R. n'outroit pas toutes choses, on pourroit être de son avis, jusqu'à un certain point, & convenir, que les Sciences causent bien des vices d'orgueil, & que les Arts nourrissent le luxe,

luxe, & favorisent bien des passions de détail. Et quand je dis même l'orgueil, c'est plutôt la vanité, qui produit l'abus des Sciences, sur quoi j'avancerois cette thèse, que les Lettres, Arts & Sciences, corrigent les hommes en grand, & les corrompent peut-être en petit, en détail. Je pourrai en entreprendre la preuve quelque jour, à la suite même de la discussion présente, que je veux mener au bout du livre en question de M. R. dont je suis le très, &c.

XXXIX. LETTRE.

Monsieur, la plûpart des hommes tiennent à leur patrie, à leur terre, à leur société nationale, à leur parenté, à leur ciel, à leur air, à leur chaumine, à leur ruisseau; & la vue de quelques avantages qu'ils ne sentent pas, qu'ils n'imaginent jamais bien, ne sauroit les tenter. Et puis, il est facile de pervertir les hommes, & toûjours difficile de les convertir. Dieu ne donne pas de grace, pour convertir un Sauvage à notre vie civile, à nos Villes, à nos Hôtels, à notre luxe, à nos délices; il est heureux même que la bonne nature y répugne chez eux.

Pervertir même quelqu'un n'est pas une chose si facile en détail. Il seroit plus facile de pervertir un Européen aux vices des Sauvages qui sont grossiers, que de pervertir un Sauvage à nos vices qui sont plus fins, & qu'ils ne pressentent pas. A nos vices grossiers & de pure sensation, un Sauvage est bien-tôt perverti, au vin, à l'eau-devie. Nos ragoûts sont des vices rafinés, raisonnés, d'un grand art, d'une science exquise. Un Sauvage ne peut pas y atteindre par le goût: il n'en a pas l'avant-goût, ni le pressentiment.

M. R. qui ne connoît que le physique, croit que le goût n'est qu'une affaire de la langue, du palais, du nez, des yeux. Nos goûts, nos ragoûts, nos délices, nos bijoux, sont pour un Sauvage des livres à étudier, des Sciences à acquerir, des Arts à apprendre. On ne pourroit les y élever que peu à peu; nous-mêmes n'y sommes arrivés que par-là. Chez un Peuple savant, tout est savant, le vice même.

C'est même ce qui trompe M. R.

opposé à l'Homme physique. 235

Nos vices sont des vices de Science, mais non de la Science. Savans ou ignorans, les hommes sont vicieux. M. R. croit-il les vices barbares moins barbares que nos vices savans ne sont savants. Encore, tout vice est vice d'ignorance, *omnis peccans ignorans*; & nos vices ne sont savans que jusqu'au vice exclusivement. En un mot, les vices des Savans, sont les vices de Savans, mais non de sa science, de sa conscience, qui les réprouve impitoyablement & sans quartier.

Ce qu'on pourroit dire de plus vrai, c'est que les vices des sciences sont des plus grands vices, plus contre la conscience & plus impardonnables. La thèse de M. R. sera constamment fausse, jusqu'à ce qu'il nous montre une science, un livre, un savant même, qui canonise & qui n'anathématise pas les vices les plus grands, comme les plus petits.

Une grande preuve contre lui, est que nous prenons nos Arts & nos Sciences, les Belles-Lettres sur-tout dans les livres des Payens, Grecs & Romains, & que malgré cela, nous ne sommes jamais venus de paganisme & d'idolâ-

V ij

tric, ni d'aucune sorte d'hérésie même, étant du reste très-édifiés des plus grands & des plus petits traits de morale dont ils sont pleins.

Dieu merci, je ne juge pas ordinairement de toutes ces choses-là comme M. R. par fantaisie, par humeur, & tout-à-fait sans principes; *sic volo, sic jubeo*: voilà sa façon de raisonner. A peine daigne-t-il nous rendre raison des inconvéniens qu'il trouve dans les objets de ses dégoûts universels. Ma façon, quand j'ai quelque goût ou quelque dégoût, dont je ne puis me bien rendre raison ni à autrui: quand j'ai quelque thèse générale à établir ou à réfuter, est de remonter aux grands & aux vrais principes de la raison, & sur-tout de la foi, à l'Ecriture Sainte, à l'Eglise.

Constamment la Religion, la foi, l'Ecriture, l'Eglise, sont la derniere & ultérieure raison de tout, la raison même de la raison, & en un mot, la derniere résolution de toutes les difficultés, de morale sur-tout, de jurisprudence, de politique, d'histoire, & de physique. Il n'y a que la géométrie, je suis bien aise de le dire, que l'Ecriture, la Religion & l'Eglise ayent un peu abandonnée à notre pure raison, parce qu'effectivement la raison luï suffit, Dieu ne faisant jamais *per plura* ce qui peut se faire *per pauciora*.

Nous avons deux sortes de vérités dans ce monde, les vérités naturelles & les surnaturelles. La géométrie seule est en possession des vérités naturelles. Dieu nous en a donné l'évidence, la pleine connoissance, la démonstration, elles n'ont point d'autre tribunal que l'esprit particulier même d'un chacun: Au lieu que les vérités morales ou surnaturelles ont deux tribunaux, dont celui de la raison est subalterne à celui de la foi, qui est en dernier ressort & sans appel.

Sans vouloir même aller jusqu'à la foi, & sans porter la question de M. R. à la décision de l'Eglise & me contentant d'entrer ici dans son esprit & dans celui de nos livres Saints, j'observe, que loin d'anathématiser nos Sciences, l'Ecriture Sainte les canonise en général, & que l'Eglise est l'organe le plus ordinaire & comme unique, dont Dieu s'est servi de tout tems, pour rendre les hommes savans; d'où je conclus sans réplique, que les Lettres, les Arts, les Sciences, sont un bien en soi, quoi qu'en puisse dire M. R. qui étant Calviniste d'origine au moins, n'est pas ou ne se croit pas si obligé d'en reconnoître l'Eglise comme la dépositaire & l'organe éternel.

L'Ecriture est formelle sur le droit ou l'obligation qu'ont les Prêtres d'être savans, & de rendre tels les Peuples dont ils sont les Pasteurs, étant comme le levain & le sel de la terre. La Science repose sur les lèvres du Prêtre, est-il dit formellement & équivalemment en cent endroits de l'Ancien & du Nouveau Testament, où le mot de *super labia*, marque évidemment l'obligation de parler, d'éclairer, & d'instruire.

En conséquence il est de fait, que la premiere qualité du Prêtre, de l'Ecclésiastique, est d'être vertueux & savant, & savant pour être vertueux, comme j'ai dit ; que par-tout ce sont les Ecclésiastiques, qui tiennent les Collèges, les Universités, les Ecoles; & qu'enfin, à l'origine des choses, c'est même l'Eglise, les Evêques, les Papes qui ont fondé les Universités, & au nom de qui se confèrent les degrés de Licence & les bonnets de Docteur. Je suis M. votre, &c.

XL. LETTRE.

Monsieur, ce que je vous disois dans ma derniere lettre sur le droit ou le devoir des Prêtres, des Ecclésiastiques & de l'Eglise, d'être les Docteurs des Nations, est si vrai que chez les hérétiques même, & anciennement chez les idolâtres, Romains, Grecs, Egyptiens, Chaldéens, Persans, Indiens, chez nos Gaulois même, ce sont & c'étoient les Prêtres, Ministres, Druydes, Gymnosophistes, Brachmanes, Aonzes, qui étoient & sont spécialement par office chargés de l'instruction publique & de la tradition morale & écrite des Sciences, des Arts & des Lettres.

Et cela sans exception ; car les Universités par exemple, sont, comme leur nom le porte, une universalité d'instruction & de doctrine, sans en excepter ni les Arts, ni la Médecine, ni la Jurisprudence, non plus que la Théologie. Le monde sécularisé tant qu'il peut toutes choses, & les hérétiques vont jusqu'à séculariser la Théologie. Mais dans leur premiere institution, les Facultés de Médecine nommément étoient toutes Ecclésiastiques. Les Facultés de Paris & de Montpellier l'étoient bien sûrement dans leur origine; & tout ce à quoi nous voyons porter robe noire, longue, ample & rabat, grand & petit, étoit à coup sûr Ecclésiastique dans sa fondation, quelque sécularisation qui soit arrivée depuis ce tems-là. Le seul air de l'Eglise autorise, donne de la gravité, du poids aux fonctions les moins Ecclésiastiques. Je l'ai dit ailleurs, Il n'y a de profane que ce que nous profanons.

Et voilà comme j'aime à faire de toutes les questions de morale & de littérature, questions de foi vagues, confuses & interminables, des questions de fait & d'histoire; n'y ayant que cela pour les trancher, comme les questions de foi, la Tradition: la raison métaphysique, claire & personnellement évidente, ayant seule droit sur les seules questions géométriques.

Il en est de la tradition des Sciences comme des nœuds sacrés de la société;
qui

qui sont les deux grands principes du bien que M. R. méconnoît avec entêtement, sinon avec affectation. L'Eglise est le nœud de ces deux liens d'humanité : car le mariage propage les corps & les ames ; & les Lettres, les Sciences & les Arts, propagent en quelque sorte les esprits, la foi même & les mœurs ; & c'est l'Eglise qui autorise tout, propage tout, conserve, répare & perfectionne tout, d'après & par Jesus-Christ.

D'où il m'est permis de tirer ce grand argument ; que je crois à l'épreuve de toutes les chicanes de M. R. que tout cela, nommément la société & les Sciences sont un bien dont il est fâcheux qu'il résulte bien des maux, il est vrai, par la faute des associés & des Savans, & jamais par celle de la science ou de la société.

Je crois pouvoir même sans conséquence & sans donner trop d'avantage à M. R. convenir avec lui d'un grand mal qui résulte de la science & de la société. Car le défaut absolu de société seroit une inhumanité parfaite, une absolue destruction de l'humanité, pire que la vie sauvage, libre, animale & libertine que prêche M. R. Et de même le défaut absolu des sciences seroit une barbarie, seroit cette vie sauvage & animale.

Il faut donc de la société, & il faut de la science, mais jusqu'à un certain point, après lequel l'excès retombe dans les mêmes inconvéniens que le manque total ou le défaut trop grand qui tombe dans l'abus, dans la corruption. Car *corruptio optimi pessima*. Il y a donc, cela va de suite, trop de société dans le monde, trop de science, & par-là même il n'y en a pas assez. Car voilà les deux contradictoires qu'il faut accorder, & qui ne s'accordent que trop dans toutes les questions.

C'est des Sciences, des Arts & des Lettres que je parle surtout ici à M. R. Non absolument, il n'y a point trop de science *intensivé*, comme on dit. Les Savans ne le sont point trop. Ils ne sauroient trop l'être. Nulle science n'a à craindre qu'en la portant trop loin on n'en voye le bout, le foible ni le faux. En Dieu il y a une science infinie dont toutes nos profondeurs ne sont jamais que la surface extérieure. Car Dieu n'a point de surface en lui-même, n'ayant point de borne en science ni en rien.

C'est *extensivè*, comme on dit encore, qu'il y a dans le monde trop de science, c'est-à-dire, trop de Savans, *demi-Savans* par conséquent ; & voilà le mot ; les *demi-Savans* font tout le mal des sciences, parce que réputés savans & se donnant eux-mêmes pour très-savans, pour plus savans même que les vrais Savans, leur ignorance réelle enfante les préjugés, les erreurs, les hérésies, les monstres d'esprit, d'art & de science, & tôt ou tard le Pyrrhonisme, le Déïsme, l'Athéïsme, qui est la somme totale des monstres & la triple chimere des esprits orgueilleux, enthousiastes, fanatiques & frénétiques presque, qui veulent tout anéantir, arts, sciences, &c.

Il en est de la *demi-science* en fait d'esprit comme de l'*hypocrisie* en fait de mœurs. Le *demi-Savant* n'a que le masque de la science, comme l'*hypocrite* a le masque de la vertu. Ils joüent l'un & l'autre, l'un la vertu, l'autre la science. Et comme l'*hypocrite* va au vice par le chemin de la vertu, le faux Savant, le *demi-Savant*, car c'est le même homme, va à l'ignorance par la chemin de la science. Il n'est pas nouveau de dire que *la demi-science est pire que l'ignorance.*

Scientia inflat. Il faut le croire dès que l'Ecriture le dit : absolument toutes nos sciences ne sont que de *demies sciences,* & c'est à ce titre de *demies sciences* qu'elles peuvent nous enfler. Car du reste, rien n'est plus enflé qu'un *demi-Savant,* si ce n'est un *quart de Savant,* qui ne le céde qu'au *demi quart,* & celui-ci au *demi-demi-quart, & sic in infinitum,* disent les Philosophes Géomètres. Je suis, M. votre, &c.

XLI. LETTRE.

Voilà, M. le propre des *demi-Savans,* des *demi-talens,* d'étayer leur *demi-science,* leur *demi-talent* d'un vernis de licence, de libertinage ou de mécréance qui réhausse toûjours leur mérite littéraire auprès des sots, des mécréans, des méchans, ou des simples mondains. C'est ce que j'ai appellé au commencement, brûler le Temple d'Ephèse. Si M. R. n'avoit pas attaqué tantôt les Lettres, tantôt les

Arts, la Musique, les mœurs, la Religion, le bon sens, on auroit moins applaudi à son style savoisien ou à sa franchise helvétique.

Humilier les vrais Savans, les vrais Artistes, est un crime qu'on pardonne, qu'on travestit en vertu chez les *demi-Savans*, souvent chez les Savans même, & toûjours dans un Public qui aime à se dédommager des récompenses & des éloges qu'il est forcé de donner au vrai mérite, qu'il aime même à ne pas donner, ou à donner de préférence au *demi-Artiste*, au *demi-Savant*, toûjours bien plus empressé à en remercier, à les demander même.

Les vrais Savans sont communément assez bonnes gens, gens même assez modestes. Ils peuvent avoir un peu de vanité. L'orgueil est pour les *demi-Savans*, l'arrogance pour les *quarts de Savans*, l'insolence, la rusticité, la brutalité, &c. pour la descendance de la *série des demi-quarts, demi-demi-quarts*, &c.

Les vrais Savans sont retirés, amoureux de leur Cabinet, point Chefs de Secte, de Cabale. Les demi & quarts de Savans ont du tems de reste pour courir de cercle en cercle, de caffé en caffé, & y répandre leur Déisme, leur licence, leur mécréance, qui leur servent d'introducteur & de passe-port.

Le Déisme nommément est constamment l'effet d'une demi-science, tout comme, & plus encore que l'hérésie. Le Déisme & l'Hérésie sont des *demies Religions*, analogues aux *demies sciences* qui les enfantent. Comme Dieu est par-tout, que tout est son ouvrage, & qu'il a gravé ses traits dans tous les objets de nos sciences. L'Ecriture même nous disant que la terre est pleine de la science de Dieu ; un vrai Savant voit en effet Dieu par-tout, & est par-tout invité à le connoître, tantôt à l'aimer, tantôt à l'adorer. Dieu le tient toujours en respect.

Le *demi-Savant* ne fait qu'entrevoir Dieu par-tout, assez pour le craindre, l'éviter, le fuir. Il en voit par-tout le principe, par-tout il en élude la conséquence. De toutes les questions il étudie l'objection jusqu'à la réponse exclusivement. Comme Dieu est absolument sous le voile, dans le nuage, là où commence la science de Dieu, là finit la science du demi-Savant.

opposé à l'Homme physique. 147

Je suis trop vrai pour ne pas dire ce que j'en pense, tout ce que j'en sais, tout ce que l'usage & l'expérience m'en ont appris. La Science est aujourd'hui trop répandue, trop facile, & à trop grand marché. Elle est trop à la portée de bien des têtes qui n'ont pas la force de la porter. Une épée est une bonne chose, mais trop de gens la portent peut-être. C'est une arme : les Romains ne la portoient qu'en guerre. Aux guerres civiles tout le monde la porta. La guerre civile règne dans les Sciences, depuis qu'on les rend si populaires.

Je suis payé pour vanter les Journaux, les Dictionnaires, les manières de faciliter les Sciences & de les mettre à la portée de tout le monde. J'ai été trente ans Journaliste. J'ai mis les mathématiques en une espèce de Dictionnaire, & ma fantaisie a toujours été de tout faciliter, Arts, Science & Littérature. J'ai crû par-là faire la guerre à la demi-Science & rendre tout le monde pleinement Savant. Pour un Savant que j'ai fait, j'ai fait trente & trois cens demi-Savans, quarts & demi-quarts de Savans; & il y a plus de quinze ans que j'ai reconnu de bonne

X iiij

foi que j'avois manqué mon coup & mon but. J'en demande pardon au Public.

C'est Bayle, qui par ses Journaux & son Dictionnaire a prêché & favorisé la demi-science sceptique & déiste. De gros livres comme un Dictionnaire, ou de petits livres souvent répétés comme les Journaux imposent trop au Public, & 1. à l'Auteur qui s'en croit & en est crû plus habile, 2°. au Lecteur, au simple Acheteur même, tout fier d'avoir à la main toute une & plusieurs Sciences articulées, numérotées & en simple A. B. C.

Il y avoit eu de tout tems avant Bayle des Pyrrhoniens & des Déistes. Bayle en a fondé la secte en règle, en grand & à perpétuité; or c'est en fondant la demi-science. Mais Bayle, me dira-t-on, étoit au moins lui-même un vrai Savant. J'ai ma distinction que j'ai déja indiquée. Savant en *extension*, en surface, je l'accorde; Bayle l'étoit, en *intension*, en profondeur, je le nie: Bayle n'étoit rien moins qu'un vrai Savant.

Ces sortes d'ouvrages de gros volume supposent & donnent de la Science en raison inverse, renversée ou reciproque du tems mis à les faire ou à les lire. Un faiseur de gros livres n'a le tems d'en lire que de petits, ou de petits articles des gros. On peut depuis long-tems faire un livre plus savant que soi-même. Les tables des livres sont la grande mine & la pepiniére des Dictionnaires & des Journaux.

Encore Bayle étoit-il un *demi-Savant*. Il savoit douter, & par conséquent le pour & le contre de tout. M. R. ne sait que le contre, & ne doute de rien. Ces deux Auteurs peuvent avoir le même but. Bayle nous y méne, M. R. y va tout seul : car je doute qu'il y méne personne ; il annonce trop le déisme. Bayle est plus dangereux : il n'annonce rien. Son style indifférent, rend constamment tel son Lecteur. M. R. met trop d'intérêt & de chaleur dans ses prétentions, qui sont trop naïvement fortes & horribles. On ne persuadera pas facilement aux sots même, beaucoup moins même aux sots, qu'ils soient bêtes ou Pongos.

Bayle va à l'esprit par le cœur, dont l'esprit est facilement la dupe, selon le proverbe. M. R. va au cœur par l'esprit dont nul proverbe n'a établi la duperie active envers le cœur, toujours libre de s'en moquer. C'est Bayle qui manie l'hypothèse en habile homme. M. R. en évente l'art & le savoir-faire par des contre-thèses perpétuelles.

Aussi Bayle se vantoit-il de savoir tout, & citoit tout réellement, livres & Auteurs: & M. R. se vante, à la façon peut-être de Socrate de ne savoir rien, & ne cite rien ou presque rien en effet; & l'avis de M. R. n'est jamais que l'avis de M. R. dont je suis par conséquent le très, &c.

XLII. LETTRE.

JE croyois M. borner à la dernière Lettre toutes celles que j'avois à vous écrire. Mais en parlant de vous à bien des gens que je consulte ou qui me consultent sur votre compte; car si c'est-là ce que vous avez prétendu, comme je le crois, de faire beaucoup parler de vous, vous êtes bien servi. Il s'est mû une question sur ma façon de trancher toutes les vôtres par voie de fait autant que je le puis, & rarement par voie de droit, & beaucoup moins de raisonnement & de dissertation interminable.

Car je ne connois de voie de droit *à priori* que dans la géométrie ; & partout ailleurs dans la métaphysique, & même dans la Réligion & la foi, je ne connois le droit *à posteriori* que par le fait de tradition & d'histoire. Par ce qui est, je découvre, facilement même, ce qui peut ou ce qui doit être ; au lieu que la possibilité ou le devoir des choses est toujours équivoque, & ne peut jamais en constater l'existence qui est arbitraire & accidentelle.

Le grand commun des hommes, Philosophes même, ne conviennent des effets, qu'autant qu'ils en connoissent les causes, chose presque toujours impossible dans les affaires les plus naturelles & de pure physique, & tout-à-fait folle à entreprendre dans les affaires surnaturelles de Réligion & de foi. Sur quoi, en parlant de vous & de vos questions, toutes de droit & de pure possibilité, selon vous, je disois, que d'un précipice vous vous étiez jetté dans cent autres, & qu'une erreur avoit amoncelé dans votre esprit &

sous votre plume des montagnes d'erreurs, des Dédales, des labyrinthes d'erreurs, sans aucune issue pour vous en tirer ; votre façon d'esprit & d'argumentation sophistique, vous entravant à chaque pas dans de nouveaux entrelacemens, formant de nouveaux embrouillemens, dont vous resserriez les nœuds, à force de les multiplier.

Par rapport aux mystères, soit de la nature, soit de la foi, je disois que la méthode ordinaire, méthode de dispute, de pique & de contention, n'étoit bonne qu'à multiplier les mystères, & à les embrouiller l'un par l'autre à l'infini, sans en débrouiller aucun par la voie de droit & de la pure possibilité. Ma voie de fait réduit à coup sûr, en un moment vingt mystères à un seul, & souvent à rien de trop mystérieux.

Vous même M. dans votre discours contre la Musique, vous le commenciez par le bon mot de M. de Fontenelle qui veut qu'on constate le fait de la dent d'or, avant que de l'expliquer. Et il est vrai que dans ce cas-là, on se seroit épargné bien de fausses explications d'un fait, faux lui-même. Mais dans le cas même d'un fait vrai, encore s'épargneroit-t-on bien des explications & bien du faux, en commençant par conſtater le fait tel qu'il eſt.

Et ſur cela, j'ai coûtume de dire, que quand je trouve dans l'Ecriture Sainte, par exemple, un myſtère, c'eſt-à-dire, une choſe que je n'entens pas, je commence par la croire; ajoûtant qu'après l'avoir cruë, il m'arrive aſſez ſouvent de la comprendre très-bien, ou aſſez bien enfin. A ce propos, je vous avoue qu'à la vérité, les effets ſont dans leur cauſe, que par rapport à Dieu, mais je prétens que par rapport à nous, les cauſes, ſoit phyſiques, ſoit autres, ſont le plus ſouvent dans leurs effets. Il faut donc commencer par les effets, par les faits.

Saint Paul nous donne cette règle en général, comme ſur les affaires de foi. *Accedentem ad Deum*, dit-il, *oportet credere, quia eſt*. Ceux qui veulent prouver, l'exiſtence de Dieu par ſa poſſibilité, ſont louables. Dieu a droit d'être prouvé de toutes les façons, parce qu'il tient à tout. Mais enfin, Saint Paul veut que pour expliquer les choſes de Dieu nous commencions par conſtater ſon exiſtence, par *credere*, *qui est*. Et Dieu même, la premiere fois que nous trouvons qu'il ait parlé de lui & pour se manifester aux hommes, *Ego sum qui sum*, a-t-il dit à Moyse, & il ne s'est donné d'autre nom en preuve de son existence, que son existence même. Celui qui est, m'a envoyé : *qui est, misit me*, ordonnoit-il à Moyse de dire aux Juifs.

Autant d'explications, de preuves même qu'on donne à un mystère, sont autant de mystères souvent plus intelligibles que le mystère même ; & d'autant plus mystères, qu'ils le sont de la façon des hommes, au lieu que le vrai mystère l'est de la façon de Dieu, ce qui le rend le seul croyable : mais ceux de la façon des hommes sont toûjours litigieux.

Et ma façon de commencer de croire comme un fait, avant que de comprendre le droit, est, j'ose le dire, une démarche assez fine & adroite dans ce qui s'appelle la recherche de la vérité. La créance est une vraie science, & tout au moins une demie compréhension, une demie intelligence. La plûpart de nos Sciences ne sont que créance & foi, foi même humaine & très-

opposée à l'homme physique. 255
faillible. Ce que je crois, je le sais. Dans les choses que nous savons le mieux, sur un point que nous comprenons; il y en a dix, & vingt que nous croyons simplement, sans pouvoir les comprendre.

La foi captive l'esprit, dit-on. Il n'y a pas grand mal de captiver les esprits bornés ou rébelles. La plûpart ne sont point trop faits pour rien comprendre. Les Sciences ne sont guères que des Sciences de foi. On en a la certitude en attendant l'évidence : & Descartes a tort de nous prescrire de n'admettre rien que d'évident. A un idiot peut-être, vaut-il mieux apprendre à dire son *pater* en latin. Il ne l'entend pas, mais il le sait. Il sait bien dire : il veut bien dire ; il dit bien devant Dieu au moins qui l'entend bien, & qui entend, comme il est dit, la préparation du cœur, bien mieux que celle de l'esprit. Tout homme a du cœur assez pour Dieu. Le plus grand esprit n'en a pas assez, ni n'en approche.

La foi ne captive que les esprits ou les cœurs rebelles, disois-je. Elle met en grande liberté les bons esprits qui ne sont pas les dupes du cœur. Toutes les fois que vis-à-vis d'un mystère ou d'une difficulté de Science, j'ai commencé par dire *credo*, j'éprouve constamment dans mon esprit une très-grande liberté de raisonner & de comprendre, & de faire comprendre aux autres.

A toutes les opérations d'esprit comme de corps il faut un point fixe, un centre de repos d'où partent tous les mouvemens. Un ressort n'agit par une extrêmité qu'autant qu'il est fixé par l'autre. La foi est l'unique point fixe des esprits dans les sciences humaines autant que dans les divines. Quand je montre aux jeunes gens quelque point difficile de Mathématique, de Géométrie même, je n'ai pas trouvé de meilleure façon de me faire entendre des esprits revêches & difficultueux, que de leur dire: *Commencez par croire que je sais ce que je vous dis. Je ne veux pas vous tromper, je ne puis pas m'y tromper. C'est ma propre science que je vous donne. Il y a 30. ans que je le sais. Tout le monde le pense de même, &c.*

Quand j'ai dit cela à des esprits raisonneurs, mais raisonnables, car c'est de la raison cela, aussi-tôt ils me croyent

& m'entendent tout de suite avec facilité. Il n'y a rien qu'on n'entende dès qu'on a intérêt de le savoir. La foi de l'esprit intéresse le cœur même à en faire l'objet de son intelligence. Car on est curieux & on aime à voir clair. Les Samaritains, après avoir vû J. C. disoient à la Samaritaine : Nous avons cru d'abord sur votre parole, mais nous croyons déformais pour avoir vû comme vous. Je suis, M. votre, &c.

F I N.